阅读成就思想……

Read to Achieve

心理成长系列

原生家庭的羁绊
用心理学改写人生脚本

相先生 ◎ 著

Break Free From the Bondages
of Your Family of Origin

Rewrite Your Fate with Psychology

中国人民大学出版社
·北京·

图书在版编目（CIP）数据

原生家庭的羁绊：用心理学改写人生脚本 / 相先生著. -- 北京：中国人民大学出版社，2021.7
ISBN 978-7-300-29549-7

Ⅰ. ①原… Ⅱ. ①相… Ⅲ. ①家庭－社会心理学 Ⅳ. ①C913.11

中国版本图书馆CIP数据核字(2021)第126156号

原生家庭的羁绊：用心理学改写人生脚本
相先生　著
Yuansheng Jiating de Jiban: Yong Xinlixue Gaixie Rensheng Jiaoben

出版发行	中国人民大学出版社		
社　　址	北京中关村大街31号	邮政编码	100080
电　　话	010-62511242（总编室）		010-62511770（质管部）
	010-82501766（邮购部）		010-62514148（门市部）
	010-62515195（发行公司）		010-62515275（盗版举报）
网　　址	http://www.crup.com.cn		
经　　销	新华书店		
印　　刷	天津中印联印务有限公司		
规　　格	148mm×210mm　32开本	版　次	2021年7月第1版
印　　张	6.5　插页1	印　次	2021年9月第2次印刷
字　　数	136 000	定　价	55.00元

版权所有　　　侵权必究　　　印装差错　　　负责调换

前言

亲爱的读者，当你拿起这本书的时候，你和我就建立了读者与作者的关系。没有人不活在关系中，哪怕此刻你捧起这本书，看到这段文字。

冥冥之中，你和我也已经发生了某种关联，这就是缘分，既然有缘，那你就再往下看看。

我先自我介绍一下，我叫朱文强，笔名相先生，是一名心理咨询师，也是心理内容的创作者，主要在今日头条、百度、B站等自媒体平台进行心理内容的创作。

在我发布的内容下面经常有读者留言，留言中有两类信息让我记忆深刻，一类是在我分析了某种心理和行为后，有人怀疑我在他们家装了监控，当然这是玩笑话，这说明我所说的太符合他的情况了。

这类留言极大地满足了我的自恋需求，让我引以为豪，不过我觉得这是健康的自恋，它激励我持续创作，让我对这份工作充满了热情。

但是另一方面，这也说明我（或者曾经的我）的问题很多，因为我分析的那些心理和行为，很多我都经历过、体验过，我是过来人，我能对他们感同身受，而不是在对他们讲大道理。

还有一类留言就是问我："老师你写的这些内容有书吗？你什么时候出书啊，出书的话我一定买。"当这样的留言多了时，我感到诚惶诚恐，我何德何能，竟然能出书。

但是正如马云先生说的，梦想还是要有的，万一实现了呢？

果真这个梦，它如期而至，现如今我的第一本心理学书籍就要出版了，现在我把它捧出来，展现给你，希望它可以对你的自我发展有所帮助。

这本书从原生家庭入手，分析了和父母的关系是如何影响一个人的一生的，其中起作用的就是潜意识，就是人生脚本。

"潜意识"一词由弗洛伊德提出，指的是我们的意识觉察不到的认知、情绪和愿望。其实我们的每一个选择、每一种情绪，背后都有潜意识的作用。

所以心理学家荣格才会说："潜意识正在'操控'着你的人生，而你将其称为命运。"

"人生脚本"一词是美国心理家艾瑞克·伯恩提出的，说的是我们这一生会怎样度过，在我们很小的时候，就基本"注定"了，我们的人生脚本，在很小的时候就已基本成形。所以我认为，它和本书中提到的潜意识类似，你可以认为它们是近义词，因为精神分析心理学也认为一个人的性格大概在六岁之前就形成了。

那怎样才能改变呢？怎样才能改变自己的性格、潜意识、人生脚本，乃至命运呢（在阅读本书时，你可以把性格、潜意识、人生脚本、命运这几个词看作近义词）？

荣格那句话还有后半句："当潜意识被觉察到，得以意识化，命运就被改写了。"同样的意思，在人生脚本理论中也提到了，意识到自己的脚本信念，提炼出人生脚本，就可以有意识地改变它。

一个人的性格是在原生家庭的关系中形成的，它体现在我们生活的方方面面。比如：吃饭时，是不是吃得很快，是不是挑食，是不是有很多忌口的东西，是不是食谱很窄；睡觉时，是不是经常熬夜、失眠、多梦；情绪方面，是不是容易抑郁、焦虑；工作中，能不能赚到钱，是不是能"成事"；生活中，是不是有自控力，是不是会拖延，是不是有耐心，会不会拒绝别人，会不会麻烦别人，以及是否能和别人建立、维持长久的关系，等等。这些都是性格的表现形式。

是与不是，会与不会，能与不能，背后的动力都来自潜意识。本书将通过分析上述现象来帮助你觉察自己潜意识的内容，以及你的潜意识反应，而这种觉察会给性格带来松动。

将这份觉察与松动带入新的关系中，在新的关系中积累新经验，新经验多了，一个人的性格就会被重塑，所谓的潜意识、人生脚本乃至命运等，就可能会得到改变。

但在此我想声明一点，在这个世界上，没有哪种理论是绝对正确的，我的思考和观点也是如此。我的观点未必完全符合你的情况，但我相信它能为你提供一个思考问题的角度，引发你的继续探索，让你距离自己的人生真相更近一些。

愿我们都能摆脱原生家庭的羁绊，改写自己的人生脚本，这样至少有两个明显好处：第一个好处就是我们可以活得更加自由、更加幸福；第二个好处是在第一个好处的基础上产生的，那就是在养育孩子的时候，我们不会再打着爱的名义，不自觉地把自己的问题传递给孩子，从而阻断心理问题的代际传递。

好了，就写到这里了，具体的内容，还请你多翻几页，祝福你，让我们在书中相遇吧！

我是朱文强，也是相先生。

目 录

第 1 章　原生家庭就是你的人生脚本，就是你最大的命运

你和母亲的关系，可能就是你命运的雏形　003

你会爱上谁、会被谁吸引，可能都与你和母亲的关系有关　007

你和父亲的关系，会影响你的社会能力　012

心理不健康的人往往处理不好这三种关系　016

没有被父母祝福过的人生是怎样的　019

心理问题的代代相传　023

父母会让孩子出现与自己一样的性格问题　026

利用这四种方法，超越原生家庭　030

第 2 章　唯有看见命运，才有可能改变它

你的潜意识正在操控着你的人生，而你将其称为命运　037

你的命运，在童年早期可能就被注定了，而你对此一无所知　041

我们为何总在轮回　044

你的期待会成为你的命运，因为期待会成为自我实现预言　048

潜意识可以把不好的事情变成现实，这也叫"心想事成"　051

第3章　如果你想心理健康，不妨想办法多挣钱

心理不健康的人很难赚到钱　057

妨碍你赚钱的几种心理　060

三种力量影响着你的赚钱能力　063

这三种人可能很难赚到钱　066

为何你会认为"谈钱伤感情"　070

舍不得给自己花钱，当心会越来越穷　073

第4章　没有无缘无故的梦，每一种梦都是在表达

为什么越是对自己忠诚的人，越少做梦　079

梦的三种类型　082

你经常做的梦，可能暗含着你的人生启示　084

两种使你从梦中得到提示，避免做事失败的方法　088

从梦中得到答案　090

目录

第 5 章 | 你的习惯，早已暴露了你的内心

你的饮食习惯和你的性格特点之间有什么关系　095

失眠、喜欢熬夜的心理根源　098

为什么有的人喜欢在朋友圈刷屏　101

购物习惯可以反映一个人的性格　104

出门习惯如何暴露一个人的性格　107

你说话的习惯，可能会暴露你的内心及人际关系　111

有拖延习惯的人不好相处　114

如何与有洁癖的人相处　117

第 6 章 | 自卑的人，往往不愿正视人生的真相

容易导致自卑心理的三种童年经历　123

自控力与自卑的关系　126

度量小的人，总喜欢做这两件事　129

喜欢说这三种话的人，可能内心自卑　132

讨好型人格的三个特征　134

自卑但不承认自卑，是一些人最大的问题　138

自卑和自恋都是一种自作多情，别人压根就没有关注你　141

喜欢抱怨的人往往内心很自卑　144

喜欢给别人讲道理的人真的很强大吗　147

第 7 章 | 任何性格特质都不能太过，哪怕是好的特质

对于太内向的人来说，社交是一种损耗　153

太压抑、太忍让的人太痛苦　156

为什么太老实的人容易没朋友　159

那些太容易被感动的人　161

太固执是怎样一种人生体验　165

太坚强、太独立的人也不好相处　168

警惕支配欲很强的人　171

第 8 章 | 活出真实的自己，才能拥有好的人际关系

活得"不好惹一点"　177

从不麻烦别人也未必是好事　180

既要学会麻烦别人，也要懂得拒绝别人　183

不妨活得"自私"一点　185

做一个"会玩"的人　188

做事不必太着急　191

世上只有一个你，所以要看见自己、活出自己　194

第 1 章

原生家庭就是你的人生脚本，
就是你最大的命运

第 1 章　原生家庭就是你的人生脚本，就是你最大的命运

你和母亲的关系，可能就是你命运的雏形

摘要　《道德经》第 42 章说道："道生一，一生二，二生三，三生万物。"这是老子的宇宙生成论。从精神分析心理学的角度来看，在母婴关系对一个人的影响上，这一点也成立，即母婴关系就是那个"一"，它是一个人与这个世界的第一份关系，也是每个人此后与一切人和事建立关系的基础。这样看来，说你和母亲的关系是你命运的雏形，一点也不为过。

　　一个人的性格是在原生家庭的关系里形成的，改变和疗愈一个人的也还是关系。改变就是创造新经验，在新的关系里松动人格中的固有成分，这可以说是改变一个人的唯一方式。找一位心理咨询师是构建这种关系最安全的方式之一。

　　活出自己很重要，因为世上只有一个你，不能白到这世上走一遭。但是活出自己要发生在关系里，脱离了关系，"自己"这个存在就被悬空了，活出自己也就无从谈起，所以我们应该有个前提，即在关系中活出自己。

母婴关系是一个人构建一切关系的基础，是一个人命运的雏形。我们做事情、与他人构建关系，反映出来的心理和行为模式都可以追溯到母婴关系中。

这主要是由婴儿自身的心理发展特点所致。婴儿从一个衣食无忧、温暖的港湾来到一个温饱都需要依赖他人的地方，内心是充满恐惧的。下面我们就来谈谈婴儿的心理特点，而这些特点在很多成年人身上也能看到。

共生心理

在这种恐惧的底色下，婴儿的心理发展会经历一个复杂的过程。匈牙利病理心理学家和精神分析师玛格丽特·马勒（Margaret Mahler）认为六个月之前的婴儿是和母亲共生在一起的。即婴儿认为，母亲就是我，我就是母亲。他没有"非我"的概念，没有"我"和"你"这样的概念，这是一个正常的过程。在这一时期，母亲需要悉心地照料婴儿，按照婴儿自身的特点去喂养他，满足他的各种需求。

根据心理学的气质学说，婴儿的特质（气质）各不相同，因此母亲需要放下自己头脑中的观念，按照婴儿的需求去喂养他。

当然，我们也不必去苛责母亲，英国心理学家唐纳德·温尼科特（Donald Winnicott）认为，这个阶段的女性会激活一种原初母性的特质，所以会对婴儿的需求异常敏感，并本能地去满足他们。

但是，问题就出在这个"但是"上，有一些母亲，由于自己有严重的心理健康问题，比如没有安全感、容易抑郁和焦虑，婴儿的出现，让她们手忙脚乱，再加上没有得到爱人、家人的呵护，她们无法很好地满足婴儿，从而导致婴儿的共生心理过早"破灭"，进而产生了匮乏心理。

第1章 原生家庭就是你的人生脚本，就是你最大的命运

这种匮乏心理就是没有安全感的基础，使得个体渴望在以后的关系中和别人共生在一起，这个特征在很多成年人身上都可以见到。

渴望被理解，不喜欢沟通

在生活中，我们有时会发现，一些人不愿意和别人沟通，很容易就放弃对自己想法的澄清，总是幻想着有一个人能完全理解自己、满足自己，最好自己不说他就能做到，这是不是和婴儿的特征很像？

亲密关系在某种程度上是契合母子关系的，也就是说，我们构建亲密关系，其实是在试图用亲密关系弥补我们在母子关系，特别是母婴关系中留下的匮乏。

所以这种渴望被理解、不喜欢沟通的情况在情感关系中最为常见，而且据我观察，在一些普通的人际关系里，一些人也会企图构建这样的关系。比如一个来访者（心理咨询中的求助者）认为，要好的朋友之间就应该完全相互理解，不用沟通和澄清就能做到这一点，如果还需要沟通，那就说明对方不是真朋友，就要断绝关系。

这种心态进一步发展就是：既然是好朋友，我们就应该保持一致，观点、看法保持一致，但实际情况是，人和人是不一样的，全世界只有一个你自己，别人也一样。

带着这样的诉求去和别人建立关系，就会产生要么压抑自己，要么压抑别人的情况。奥地利心理学家、精神分析心理学的鼻祖西格蒙德·弗洛伊德曾说，凡是被压抑的都会以一种更加丑陋的形式

表现出来。当这种压抑表现出来的时候，关系就会破裂，这是一个必然的过程。所以，要想维持一段关系，要想在关系中活出自己，就要不压抑，尊重彼此之间的不同，而不是企图构建一种"你我必须一致"的共生状态。

没有边界感

没有边界感，也是在企图构建共生，这也是共生心理的延续。比如过分依赖一个人、不会做选择、害怕做选择，以及面对选择时想象出一位权威来替代自己。

成年人有这样的心理和行为，其实就是没有边界意识，企图突破边界，寻找"我"和"你"的共生，这对于自我的成长是非常不利的。

再比如，有的人容易对别人过分坦诚，把自己的心事一股脑地告诉别人，其实这样做的目的也是希望别人能这样回应自己，也是想构建"我－你"绝对亲密的共生关系，这也是没有边界感的表现。

母婴关系，或者说母子关系往往会影响甚至决定一个人构建关系的方法和能力，我们上面讨论的试图构建共生关系的情况是比较常见的。

那我们的命运是什么？我想命运就是无数种关系的编织体。与人的关系、与事物的关系，反复纠缠，就成了一个人所谓的命运。

我们论述这些关系，也是为了能够看见它。看见即疗愈，看见它，它就被我们的意识捕捉到了，我们就有了对它的掌控，我们的关系也会因此得以改变，从而最终更好地活出自己、成为自己。

你会爱上谁、会被谁吸引，可能都与你和母亲的关系有关

摘要 | 瑞士著名心理学家卡尔·荣格曾说："母子关系指向亲密，寓意融合；父子关系指向疏离，寓意规则。"我们在成年之后与他人建立情感关系的能力就来自和母亲的关系。

关系往往具有"镜映"的作用，特别是那些深刻的关系。有两种关系最能透彻、全面地反映出一个人的心理面貌：一个是情感关系，一个是母子关系。

在某种程度上，情感关系和母子关系是平行的：母子关系是一个人命运的雏形，而情感关系是有可能去重塑这种雏形的。

上一节，我们以"与母亲的关系会成为一个人命运的雏形"为题进行了分析，这一节我们将论述与母亲的关系对一个人情感关系的影响。

一个人的内部感受，对人、事、物的情绪情感往往与他和母亲的关系息息相关，可以说一个人的情绪底色就来自他与母亲的关系。而一个人的外部能力，如社会协作、竞争的能力往往与他和父亲的关系密切相关。关于这一点，我们将在下一节进行探讨。

依恋

要分析一个人的情感关系，就回避不了"依恋"一词。作为一个心理学术语，"依恋"最早由英国精神分析师约翰·鲍尔比（John Bowlby）提出，指的是孩子和母亲之间存在的一种情感联结。比如小时候如果母亲在场，你就不会哭闹，而如果母亲不在，你就会闹着要找她；同时，母亲也会想念自己的孩子。孩子与母亲之间的这种联结就是依恋，这也被称为情感的原型。

我们可以设想一个场景：一位母亲和一个小孩子在公园的一角玩耍，不一会儿，别的母亲带着孩子加入了进来，然后女士们开始在不远处聊天。这时，孩子们能不能放下母亲去玩耍，他们的心理反应就再现了其依恋风格。

安全型依恋

一个孩子很开心地投入到玩耍中，虽然自己所在的位置看不到母亲，但他相信母亲不会丢下他，她就在附近。这种依恋就是安全型依恋，即"我相信，你就在我身边"。

不一会儿，这个孩子的母亲过来找他，他飞快地扑到了母亲怀里，高高兴兴地和母亲回家了。

这样的孩子长大后，在情感关系中就容易信任和忠于爱人，因为他心中内化了一个爱的人，这个人就是母亲。

回避型依恋

另一个孩子也看不见母亲，但他并没有表现出不安；母亲来找

第 1 章　原生家庭就是你的人生脚本，就是你最大的命运

他，他也显得很漠然，对于母亲的离开和返回完全没有反应。这种依恋就是回避型依恋。

这种依恋风格在成年之后，就会发展成情感淡漠，这样的人不会真正爱上他人，他们很难对他人产生感情，也很难忠于和信任一段关系。

矛盾型依恋

第三个小孩子也看不见母亲，他看起来很害怕。但是等到母亲来的时候，他又很纠结要不要过去亲近母亲，看起来有些抗拒。

这种依恋风格进一步发展，在成年之后就可能变成一边希望和爱人亲密，一边又不想过于亲近，时常反复和自我纠结，难以与人建立稳定的情感关系。

依恋风格是一个人最初的关系模式，是最初与母亲之间的亲密关系模式。在成年之后构建情感关系的时候，我们很自然地会采用这种模式。

依恋风格不仅在我们与他人建立关系的时候会起作用，其还会泛化到做事，即我们与事情建立关系的时候。比如一个人总是无法全身心地投入工作或学习中，总是左顾右盼、玩手机，等等，这其实也与他的依恋风格有关，这一点我们以后再谈。

被抛弃感

除了安全型依恋，被抛弃感在其他两种依恋风格中都存在。

在矛盾型依恋中，为什么孩子不去和母亲亲近呢？为什么一个

成年人不去和别人建立亲密关系呢？这可能都源于被抛弃感。

小孩子特别怕被抛弃，小时候大人们经常会对我们这样说："你再不听话，我就不要你了，我就把你送人。"这时候，我们通常会吓得哇哇大哭。这种感觉对我们的影响是根深蒂固的。

由于怕被抛弃，因此就只信任自己，不信任母亲，更不信任其他人。信任是什么，信任就是放下防御，把自己袒露给对方，就是放下控制，把自己交给对方。真爱是什么？真爱就是两个真实的人真实、敞开的相遇。

在生命之初，若没有得到母亲的积极关注和爱护，没有被及时回应，而是长时间处于饥饿状态，是极其危险的，个体会因此体验到强烈的死亡焦虑。

从精神分析心理学角度来看，早年间的体验会进入一个人的潜意识，成为其日后感受和选择的主要动力。

从这个角度来看，一个人在成年之后构建亲密关系时，是不是会受他早年间和母亲关系的影响呢？

答案是必然会。在《超越原生家庭》一书中，作者罗纳德·理查森（Ronald Richardson）认为，我们对于亲密的需求也来自原生家庭，全世界的人都想要一个妈妈。

这一点在我国的文化中体现得更加明显，比如我国男性会要求自己的另一半贤良淑德、温柔体贴，会照顾自己，等等。经典歌曲《杜十娘》中唱道："郎君啊，你是不是饿得慌，如果你饿得慌，对我十娘讲，十娘我给你做面汤……"

第1章 原生家庭就是你的人生脚本，就是你最大的命运

这真的是找了个妈啊!

女性在找结婚对象的时候，也会把关爱、包容、温暖、理解等细腻的母性特质视为首要标准。精神分析心理学认为，母亲的子宫、孕育等属性，天然地决定了母性具有温暖、包容的特性，而父性则更具攻击性。这些心理特质与男女两性的生理特质是高度吻合的。

这样看来，一个人在成年之后会爱上什么样的人，会被什么样的人吸引，以及他构建的情感关系的好与坏，都可能和他与母亲的关系息息相关。这并不是什么理性的选择，所谓的理性更多的是一种合理化的解释而已。

看到这里，你可以回想一下自己在情感关系中的表现（包括心理和行为），是否与婴儿或者孩童相似，以及你反映在亲密关系中的特质与你的依恋风格有没有关系。

你想在亲密关系中疗愈自己、满足自己，对方也有这样的诉求，于是关系就会进入一个矛盾、冲突的阶段。此时你应该意识到这种诉求是有问题的，有了这样一种觉知，关系就会朝着好的方向发展变化。

这就是在关系中"照见"了自我，然后两个人有意识地坦诚面对，去交流、去表达爱、去相互支持，最终在关系中活出自己。

如果你总是在情感关系中患得患失，总是试图控制另一半而意识不到背后的根源，那你不仅难以真正地活出自己，还会破坏这份关系。所以，我们要在关系中活出自己、修通自己。

你和父亲的关系，会影响你的社会能力

摘要 | 一个人与母亲的关系，就是他与整个世界的关系。母子关系是其他一切关系的基础，也可以说是一个人命运的雏形。

父子关系会影响一个人的社会能力，比如与他人合作或竞争的能力，以及展现出来的力量和勇气。"妈宝男"就是父子关系出现问题导致的一个结果。

父母是孩子的天地。站得稳不稳、有没有安全感，与母子关系有关；够得远不远、飞得高不高，和父子关系有关。

我们在第一节花了大量篇幅论述了母子关系如何成为一个人命运的雏形，似乎养育孩子、影响孩子的只有母亲。客观来说，母亲在孩子小的时候对孩子的影响确实要大于父亲，但这并不意味着父亲不重要。

在生命之初，父亲的重要性在于为母亲提供保护性的环境，以及在孩子稍大一些的时候，将其从母亲身边"拉"出来，让他在更大的空间里成长、变得有力量，能远走高飞。这是父亲不可替代的作用之一。下面我们来具体谈谈这几点。

父亲提供保护性的环境

我有个朋友属于典型的抑郁质,动不动就情绪低落、后悔、内疚和自责。按照之前章节的分析,我自然会去追溯他早年间的母子关系。这是我的一个职业习惯,也成了我在生活中认识他人、理解他人的一种方法。顺便说一下,心理咨询师是不能为熟人提供心理咨询的,下面的表述只是我对他性格的解读。

他的老家在西北农村,他父母是通过别人介绍认识的,并且结婚后和他的爷爷奶奶生活在一起。在这种背景下,婆媳关系自然成了一个重要的话题,他的母亲和公婆的关系很糟糕,但是他的父亲又是一个出了名的大孝子,绝不会"违逆"父母,所以经常委屈自己的妻子。于是他的母亲过得很不好,没有安全感,经常处在抑郁状态。这种状态直到我朋友出生也没有改变,所以在抚养他的时候,他的母亲就会把这种情绪传递给他。婴儿很容易就能感知到母亲传递过来的焦虑和不安,久而久之,他们长大后没有安全感也就不难理解了。

等到他稍微大一些的时候,他的母亲就经常在他面前说自己以前遭受的苦难,说当年公婆以及自己的丈夫(朋友的父亲)对自己如何不好。他经常为母亲感到难过,同时他的内心也很分裂:如果听母亲的,那爷爷、奶奶还有父亲就不是好人。在他很小的时候,这让他很痛苦。因为在小孩子的世界里,好坏是完全对立的,就像我们小时候看电视一定要区分好人、坏人一样。只有当大一些的时候,我们才能接受每个人都是有好有坏的。

对于我这个朋友而言,如果不听母亲的话就会感到内疚,感觉是在"背叛"母亲，这样的心理反应对于一个心智不成熟的孩子来说是非常煎熬的。

在这种环境下长大的他，发展出了和母亲一样的抑郁特质，没有安全感，容易抑郁和焦虑，还经常犹豫不决，经常压抑自己。

他的这些特质很难说与他的成长经历、与他和母亲的关系无关。他经常抱怨自己命不好、家庭不好。在心理咨询中，这样的人和事屡见不鲜。

但是我们也要从整体上去看看，在这一过程中，父亲起了什么作用。很明显，他的父亲没有很好地保护妻儿，所以亲子问题很多时候都是夫妻问题的延续。

父亲把孩子从母子关系中"拉"出来

我觉得这个"拉"字很形象，因为母亲与孩子天然地亲近，这是一种本能。十月怀胎，母亲已经和孩子建立了深刻的联结，这是其他任何人都比不了的。也正因如此，母亲和孩子会在很长一段时间内共生在一起，即孩子的眼里只有母亲，不能长时间离开母亲；同样母亲也有这样的诉求。

匈牙利病理心理学家和精神分析师玛格丽特·马勒认为，六个月之前的婴儿和母亲是共生在一起的，这是正常的，但以后应该逐步分离。没有分离，就没有成长。成长就是不断地和过去分离，这是一个最朴素的真理。我们在前两节中已对此进行了详细论述。

所以为了让孩子成长，父母要这样做：

母亲"推"一把。母亲要有意识地把孩子往外推一把，如果说推给别人不放心，那推给自己的丈夫、孩子的父亲总应该可以吧。问题也是出在这里，如果夫妻关系不好，那母亲是不愿意把孩子推向父亲的，因为母亲会认为那是属于自己的孩子。

父亲"拉"一把。父亲要有意识地把孩子向自己这边拉一把，让孩子意识到父亲的存在。父亲也可以陪孩子玩耍，带孩子去家庭以外的空间。

父亲带给孩子竞争力、力量和勇气

父亲介入母子关系有一个好处就是打破了母亲与孩子的共生，让孩子意识到世界不只有"你"和"我"，还有"他"。这时就出现了竞争，我想这就是社会关系中竞争的雏形吧！

在社会生活中，竞争几乎无处不在。一个人如何面对竞争、其竞争力的强弱，以及在竞争关系中的感受和选择往往源自其早年间和父母的关系，尤其是和父亲的关系。

那些和父亲关系好的人，大多走出了与母亲共生的阶段，在与父母的关系中平衡好了这种合作与竞争的能量，反之则不然。

在生理、环境、文化等各种因素的塑造下，父性天然地更带有攻击性，更具力量、勇气，这种力量和勇气会传递给孩子。而这些是母亲无法替代的。

国产电视剧《都挺好》中的苏明成就是和母亲共生在一起的，没有一个有力量的父亲把他带到家庭之外去竞争、去合作，所以才成了一个典型的"巨婴"。

由此可知，父母在我们成长的道路上扮演着不同的角色，对我们的人生产生不同的影响。

或许你已为人父母，或许你正准备走上这条路，但无论你处于什么样的阶段，都很有必要做这样的工作：认识自己，在关系中养育自己，做自己的父母——育儿先育己。

心理不健康的人往往处理不好这三种关系

摘要 | 关系就是一面镜子，能够照见一个人的内心。无论一个人如何看待自己，如果他不能与他人构建并维持稳定的关系，那他的心理就谈不上健康。

关系越丰富的人，内心就越丰富、越自信；关系越匮乏的人，内心就越荒芜、越自卑。

两个人谈话时，通常会有目光的对视，这其实就是一种心与心的联结。眼睛是心灵的窗口，目光总是躲闪的人，怕别人看到自己的内心，他们压抑了太多本该在关系中得到转化的负能量。

我们继续谈论关系，因为只有在关系中，我们才能活出自己。关系就是大地，我们只有站在大地上，才能活得踏实。

这一节我们重点分析三种关系，这三种关系基本上涵盖了一个普通人的关系世界。能处理好这三种关系的人，与其他人和事的关系也应该不成问题。

与父母的关系

在谈到与父母的关系时，很多时候我们都会很被动，因为父母是我们心底的权威人物，他们在我们的心灵深处占据着非常重要的位置。我们怎样与他人相处，很大程度上依赖于父母传递过来的经验。我们将这些经验内化为我们内在的关系模式，并且用这些模式去和他人相处。就比如我们上一节讲的与父亲的关系，可能会影响我们成年之后建立社会关系的能力。

这种现象很常见，就像我的一个朋友，他小时候父亲对他极为严苛，这让他很惧怕父亲。这种印象经过泛化，就变成了他惧怕像父亲一样的权威人物，比如大街上体型高大的男性、学校里的男老师等。进入社会之后，他无法和比他能力强的人一起工作，特别是男性同事。他不敢和他们竞争或合作，一遇到领导就紧张，不敢和他们有目光对视。

其实他内心压抑了很多对男性的不满，比如童年时期，他对于父亲的苛刻和严厉就有很多负面情绪，但那时的他不敢表达，只好将其压抑到潜意识中。

成年之后，他惧怕男性权威，不愿意和他们共事，因为他把父亲的这种形象投射到了他们身上。对于他们的感受和情绪，就是当初对于父亲的感受和情绪。

所以现实中能不能处理好和父母的关系，就可以反映出我们心底对父母的印象。我们对他们有着怎样的情绪和感受，可以进一步佐证我们在日常生活中存在的人际关系方面的问题。

在心理学看来，意识到这种情绪、感受的存在，就相当于对潜意识进行了意识化。意识到它们对我们的影响，这种影响就会减弱，乃至消失。

与孩子的关系

所谓育儿先育己，就是说在养育孩子的时候，请先把自己"养育"好，避免心理问题的代际传递。著名的精神分析学家科胡特曾说："父母是怎么样的人，比父母怎样做更重要。"我由衷地认同这句话。

所以如果你已经为人父母，那你可以反观一下，你的亲子关系处理得如何？你的孩子成长和发展得好吗？

如果父母不能理解"父母是怎么样的人，比父母怎样做更重要"这句话，那么他们或许只重视给予孩子的物质条件，比如会给孩子报很多辅导班、兴趣班，在这些方面为孩子付出很多，而不会把孩子当作一个平等、独立的个体，作为父母的权力欲和控制欲依然渗透在他们与孩子的关系中。如此一来，孩子很难发展出强大、自信的自我。

与爱人的关系

与爱人的关系，即我们经常说的情感关系或亲密关系。对于我们描述的这三种关系，有时需要进行排序，做一个优先级的判断，不能一概而论。

第1章 原生家庭就是你的人生脚本,就是你最大的命运

记得不久前,短视频博主 papi 酱在一档综艺节目中对自己,以及自己拥有的关系进行了一个重要性的排序,她是这样排序的:自己、爱人、孩子、父母、其他。这样的排序其实与我们整本书倡导的"先活出自己的理念"是一致的,我想这也会是现代社会发展的一个必然趋势。

你也可以反观自己的亲密关系。如果你已成家,就看看夫妻关系在家庭关系中的位置如何;如果你正在恋爱,就看看你们的情感关系在什么位置。

需要注意的是,有太多人在组建了新生家庭后,将原生家庭和新生家庭"混"在了一起,家庭关系因此变得复杂起来。如果理不顺这一点,就会出现很多问题。

关系就是一面镜子,能够照见一个人的内心;要想活出自己,就必须"站"在关系上。自我越是虚弱、越是自卑的人,越是处理不好上述三种关系。为此我们要做的就是先反观自己,看见自己在这三种关系中存在的问题,"看见"本身就会带来疗愈!

没有被父母祝福过的人生是怎样的

摘要 | 一个人的心理习惯往往形成于他的原生家庭,在这个过程中,父母很容易把自己的问题传递给孩子,这叫作心理问题的代际传递。

父母对孩子的爱是为了让孩子更好地和自己分离,最终活出他自己。这样的爱是饱含祝福的,这样被祝福

过的孩子，会一生幸福、顺遂。

父母对孩子的爱是伟大的，这是毫无疑问的，但这并不意味着这份爱很简单，可以一言以蔽之。我们在第一节论述了一个人和母亲的关系可能就是他命运的雏形。好的母子关系，就意味着一个好命运，就意味着获得了一生的祝福；相反，不好的关系就意味着没有得到祝福，可能一生都会过得很艰难。

当一个人有以下三种特征的时候，可能就意味着他没有得到这种祝福。

经常压抑自我

作为一种心理习惯，压抑自我最早开始于原生家庭。在原生家庭里，有两种情况会让一个人形成这种性格。其一是在和母亲的关系里，母亲总是忽略婴儿自身的特点，而是按照自己的想法和条件行事，比如自己晚上不喜欢起夜，就白天给婴儿喂食过量的食物；不想给婴儿换尿布，就置之不理；或者母亲自己充满了焦虑，看不见婴儿的需求，等等。在这种情况下，婴儿就需要围绕母亲去建立自己的感觉、满足自己的需求，这就形成了最初的虚假自体，即虚假自我。

其二就是在整个原生家庭的环境中，如果父母、长辈总是让孩子听话，不鼓励孩子表达自己的意志，那孩子也会发展出虚假自我。那些发展出虚假自我的人，小时候在原生家庭里经常压抑自我，他们在成年之后，在现实的社会关系中，仍然会延续这种习惯，并以此和别人建立关系。

第1章 原生家庭就是你的人生脚本，就是你最大的命运

敏感、在乎别人的评价

那些有虚假自我的人，很自然地就会敏感、在乎别人的评价，因为他的自我完全是围绕别人的感觉构建的。比如来访者张兵（化名），他极其敏感，性格很内向，朋友也很少。他告诉咨询师，自己从小就是这样的性格，他的妈妈经常夸他听话、懂事，不给家里添乱，不像他的弟弟那样调皮、叛逆、不听话。而实际上是，他的妈妈很强势，控制欲很强，这主要是因为她自己没有安全感，所以什么都想自己说了算。在养育孩子的过程中，她总是按照自己的想法、习惯来，而"看不见"眼前这个孩子真正的需求。

幼小的孩子看到在和父母的关系中，自己的意志总是被打压，总是不被允许，他就会变得习得性无助，不再表达自己的意志，习惯于听从和顺应。

当然在一些情况下，个体也会走向另一个极端，即强烈地叛逆。来访者张兵听话、敏感，但他的弟弟却很叛逆，就是这样的例子。

一个听话、敏感的人，会顺应别人、揣测别人，为别人的情绪和感受负责，而要做到这些，他就必须压抑自己的真实感受和需求，把注意力时刻放在别人身上。这样的特质会让一个人在关系中很累。压抑自己是一件很辛苦、很不舒服的事情，去时时刻刻感受别人的情绪也很累，所以他们会过度消耗自己的心理能量。这样一来，他们就不愿意与别人建立关系，所以他们的人际关系不好，也就不难理解了。

不会选择、惧怕选择

很多人不会选择、惧怕选择，但通常而言，没有选择人生就没有了意义。选择作为一种能力，也是在原生家庭里形成的。

来访者张静（化名）很害怕做选择，甚至可以说她有选择恐惧症。在原生家庭中，她是父母眼中的乖乖女，可以不用选择，因为父母把很多事情都替她安排好了。可是进入社会之后，她发现很多事情都要独自面对。这时她慌了，所以她幻想能有一个可以依赖的人，不用自己做选择，只要听那个人的安排就好了。但是当这样一个人真的出现，当她真正处于这样的关系中时，她又充满了焦虑，因为她怕被抛弃，而且对方的很多选择并不是她真正需要的，这也让她很不舒服。

社会心理学家艾瑞克·弗洛姆（Erich Fromm）在其著作《逃避自由》（*Escape from Freedom*）一书中说："人们逃避选择，本质上是逃避选择带来的后果和代价。"凡有选择，必有代价。

如果父母在孩子很小的时候就给予他们机会，让其自我选择、自我负责，而不是凡事都由自己说了算，那么孩子就会学会自我选择、自我负责。这样他们的自我就会得以成长壮大，成年后就可以干脆利落地自己做选择，而不至于犹犹豫豫，或者完全逃避选择。

谈到这里，你也应该意识到了，你一直在下意识地沿用小时候的心理习惯来应对眼前的人和事。你要提醒自己，现在的你已经长大了，可以不用压抑自己了；你可以表达自己的情绪和欲望，你可以不用总是关注别人的感受，因为你自己才是最重要的。

第1章 原生家庭就是你的人生脚本，就是你最大的命运

当然你也要"逼迫"自己开始做选择，并且面对选择带来的结果，这是你之所以存在的意义。

意识到问题后就要在关系中表达自己，不要惧怕结果，惧怕是你用小时候的心理习惯想象出来的情绪。去表达、去选择，这是活出自己的必经之路。

心理问题的代代相传

摘要 | 心理问题具有代际传递的特性，所以不仅是你自己的原生家庭会影响你的性格，你父母的原生家庭，乃至你爷爷奶奶的原生家庭，都和你的性格、人生有着千丝万缕的联系。

讨论原生家庭最大的意义在于明晰其中的真相，看见那些不曾看见的，理解那些未被理解的，然后阻断传播，不再对后来的人造成消极影响。

分析原生家庭的一个重要作用就在于帮助大家更好地养育孩子，不要让心理问题一代一代地传递下去。我们将从以下三个方面进行分析。

大家族对小家庭的影响

家族文化在农村地区非常繁荣，即使没有大的家族文化，几个小的同姓家庭，也会形成一种文化或者氛围。这种文化或氛围会成

为一种心理力量，对其中的个体产生影响。

这种影响有的是显性的，有的是隐性的。显性影响属于意识层面，是可控的，有意识地进行调整就可以；隐性影响属于潜意识层面，尚未被发现，这种影响是会潜移默化的。

比如有的家族几辈人都经商，这种家庭氛围就会影响到后辈，使得家族中的人大都很有生意头脑，这样的影响是我们能意识到的。

对于隐性影响，我也举一个例子。来访者孙强（化名）有一个弟弟，可是他和弟弟的关系很不好；而他的父亲和他的叔叔（父亲的弟弟）关系也不好；然后他的爷爷也是兄弟两个，兄弟关系也不好。不出意外的话，孙强的孩子和他弟弟的孩子也不会太亲近。

这种关系模式的传递并非无缘无故发生的。在这个案例中，来访者说，小时候他的爷爷经常抱怨自己的哥哥，说一些哥哥的坏话。那时候的他并不是很懂，但是时间长了，他就产生了一种观念，即兄弟之间是充满竞争的，哥哥是不好的。这样的认知并不存在于他的意识层面，因为这与父母、老师教给他的并不一致，所以他会将其压抑到潜意识里。但是，向父辈认同的力量是很强大的，会主导关系的方向。

双方父母的原生家庭

谈起原生家庭，一些人可能会抱怨自己的父母，我能理解这样的感受，但这样做是不对的。因为父母也是受害者，他们的性格也是在其原生家庭中形成的。

第 1 章　原生家庭就是你的人生脚本，就是你最大的命运

父母往往会根据自己的成长经历来做父母，很多来访者都喜欢说这样一句话："我可不想让我的孩子经历我的过往，我要给他们美好的生活。"从中我们可以看出，他们不想让孩子变得跟自己一样，他们很爱自己的孩子。但是正如我们刚刚谈到的，意识层面的东西是可以改变或控制的，但是一个人潜意识里的东西是很难被左右的。

换个角度看，带着某种目的去养育孩子，不让孩子经历自己经历过的不幸，可能反而会对孩子不利。

来访者李晶（化名）经常给孩子买昂贵的衣服、鞋帽，还有水果，因为这是她小时候喜欢、想要的，所以她不想让自己的孩子望而不得。

但是她的孩子真的想要这些吗？未必，孩子是一个独立的个体，父母应尊重孩子的选择。如果父母总是认为孩子需要这个需要那个，那很可能是在满足自己内心的匮乏。这时他们就没有真正地看见眼前这个孩子，而看见的是当年的自己。于是孩子真正的需求就被忽略了，从某种角度来说，孩子重复了父母当年的经历。

父母对孩子的影响

如果父母对孩子的爱让孩子的自我变得更强大，那他们对孩子的影响就是积极的，就是具有祝福性的。很多心理健康问题，如自卑、人际关系问题等，本质上都是自我发展的问题。当一个人的自我太虚弱时，各种问题就会随之而来。而父母对孩子的影响主要集中在他的自我发展上，下面我们分别探讨一下这个问题。因为这部

分内容我们前面详细论述过了，所以在此简单地概述一下。

> 母亲要在孩子小的时候，特别是三岁之前，给予其积极的回应、爱与关注，这会让孩子的自我变得开放和积极，他会觉得自己是受欢迎的，是被爱的。
>
> 三岁之后，父亲的功能就要明显地体现出来。父亲要多和孩子玩耍，让孩子喜欢自己，使其逐渐把注意力从母亲那里转移过来，觉得外面很精彩，他要去外面和小伙伴一起玩，他要和爸爸一起出去。

在我们刚刚描述的养育设置下，孩子的自我会得到充分的发展，因为他内在的感受被母亲温暖了。他不孤独，也有了与人交往的能力和意愿；他愿意去尝试，去和别人合作乃至竞争，这就是一个健康的自我发展过程。

以上就是我们论述的关于心理问题是如何代代相传的。希望通过阅读这节内容，你能够更好地认识自己、理解别人，察觉自我的发展路径是怎样的，并在此基础上整合自我。唯有这样才能更好地走进家庭，养育孩子。

父母会让孩子出现与自己一样的性格问题

摘要 | 为了让孩子更理解自己，父母会给孩子制造匮乏感。为了让孩子变得和自己一样，父母会破坏孩子良好的成长环境。

第1章 原生家庭就是你的人生脚本，就是你最大的命运

> 要想不让孩子重复自己的性格问题，就需要意识到自己的问题。

毫无疑问，在意识层面，父母都是爱孩子的，但是在潜意识里，这份爱却变得复杂起来，这一点我们可以从各种案例中看出，下面我们来一一探讨。

为了让孩子更理解自己，父母会给孩子制造匮乏感

小时候不被满足的人，心中留下了匮乏感，在为人父母之后，在潜意识的指引下，他们也会不知不觉地给孩子创设匮乏的条件，给孩子留下匮乏感。

例如一位女士在结婚前信誓旦旦地说，一定不能让孩子过自己以前的生活，像自己小时候一样经历各种不幸、得不到想要的东西。可是在有了孩子后，她却发现自己总是会压抑孩子，比如当孩子想喝汽水时，她就会说汽水不卫生，吃苹果更健康，可是孩子从小就不爱吃苹果。孩子想学游泳，她就说学游泳不安全，自己的一个亲戚就是在河里游泳的时候淹死的，不如学钢琴，还可以多一项才艺。

据这位女士说，她小时候最喜欢吃的就是苹果，可是那时候家里穷，吃不上新鲜的水果；小时候，她经常透过窗户看见对面的小女孩穿着漂亮裙子在弹钢琴，她甚是羡慕。

这些需求、这些内心的渴望得不到满足，导致她产生了强烈的匮乏感。现如今，她的孩子也是如此，由于需求得不到满足而感到深深的匮乏，而这些都会成为孩子性格的一部分。

通过上面的事例，我们能够看出，在潜意识的指引下，父母在不知不觉中，导致孩子形成了和自己一样的性格特征。

为了让孩子变得和自己一样，父母会破坏孩子良好的成长环境

我的一个大学同学，他的父母一直在催他结婚、生孩子，但是他一直以各种理由搪塞父母。有一次他对我说，对于小孩子，他很多时候也是很喜欢的，但是有那么几个瞬间，他发现，他对他们还有所谓的羡慕嫉妒恨等很复杂的情绪。

例如，有一次他走在路上，看见一位母亲温柔地牵着一个刚会走路的小宝宝，孩子的父亲在后面装作追赶他们，孩子咯咯地笑个不停，那一幕在夕阳的映衬下显得美极了。但是随后有那么一刻，他觉察到自己在嫉妒这个小孩；除了嫉妒，还有恨，仿佛内心有个声音在说："凭什么他有这么好的成长环境，而却我没有。"

小时候他被父母寄养在亲戚家，亲戚家有很多孩子，有时那些大一些的孩子还会欺负他，但是他又不敢说。再比如，他会偷偷地去玩亲戚家孩子的玩具，也会很想念自己的爸爸妈妈。

精神分析心理学有一个术语叫作"嫉羡"，这个词不同于嫉妒，嫉妒是我羡慕你，所以我努力去得到你所拥有的东西，我去超越你。比如我去赚钱，然后买比你更好的东西。而嫉羡是，你的东西这么好，我不仅没有，而且还根本无法得到，所以我要把它毁灭掉。

由于我们都是学心理学的，所以这个同学很喜欢与我探讨这

第1章 原生家庭就是你的人生脚本，就是你最大的命运

方面的问题。他说他害怕自己会下意识地不为孩子提供好的成长环境。因为他的小时候已经回不去了，所以如果他有孩子了，他更多产生的可能是嫉羡，这种情绪会破坏美好的亲子关系。

这样的例子在咨询中时有发生。来访者李女士是一位全职太太，她的丈夫是一家创业公司的老板，生意很红火，因此他们的物质生活很富裕，但他们过得却没有看上去幸福，这与她自己的原生家庭密切相关。她性格内向，不喜欢社交，按照她的说法，她其实很自卑。她有一个女儿，过去和爷爷奶奶生活在一起，现在因为上学回到了她所在的城市。女儿原本很自信、阳光，各方面发展得都很好。但是她发现，她总是莫名其妙地贬低孩子，比如女儿想穿裙子，她就会说不好看，太丑了；女儿玩玩具，她就会呵斥女儿，说她把家里弄乱了。

最后的结果是，她女儿的情绪开始变得低落，总是一个人缩在角落里不说话。如果这样的场景不断上演、她和女儿的互动方式一直如此，那很可能到最后，她女儿的性格就会变得和她一样。

尽管在意识层面，在理性层面，她能够意识到孩子需要夸赞，家里乱了有保姆收拾，但是到了那一刻，她还是会无意识地贬低孩子。而她做的这些事，就是在破坏孩子良好的成长环境，使得孩子出现和自己一样的性格问题，以此更加认同自己，更加理解自己。

要想不让孩子重复自己的性格问题，就需要意识到自己的问题

"育儿先育己"，这是养育孩子的一句至理名言，即在养育孩子

之前，先把自己的问题处理好。即使无法完全处理掉这些问题，也要对此有所觉知，意识到自己的问题会在某些方面影响到孩子的成长和发展。

比如前面第一个例子中的妈妈，她没有意识到自己给予孩子的其实是自己喜欢的，是自己一直想要而不是孩子想要的。她需要看见眼前真实的孩子，而不是想象出来的孩子。

在第二个事例中，我的那位同学意识到了自己的问题，所以他不敢走入婚姻，这也许是一件好事。他现在在解决自己的问题，不着急，我相信他。

第三个事例中的妈妈，她的性格内向、自卑，所以她会无意识地贬低孩子，让孩子和自己一样，以此让孩子更加理解自己。但经过咨询师的诠释，她理解、意识到了自己的问题，我也相信，一切都会变得好起来。

作为成年人，我们终将为人父母。希望我们都能先照顾好自己、处理好自己的问题，这样才能更好地养育孩子。唯有这样，那种"为了让孩子更理解自己，就让孩子出现跟自己一样的性格问题"的"人间惨剧"才不会发生。我想这才是对孩子最大的祝福！

利用这四种方法，超越原生家庭

摘要 | 一个人的性格往往是在原生家庭里形成的，可以说，原生家庭中的关系就是一个人性格形成的土壤，比如你

第 1 章　原生家庭就是你的人生脚本，就是你最大的命运

和父母的关系。它们从前会影响你，现在也会，或许以后还会继续影响你，除非你觉察到这一切，想办法改变自己。

一个人的性格，或者心理状况的改变也必然发生在关系中；越是重要的关系，越有可能改变一个人。

和原生家庭分离

很多人都和原生家庭"纠缠不清"，其实质是和原生家庭没有分离，无论是在现实中还是在心理层面上。

其实对于一个孩子而言，每一步成长都伴随着分离。没有分离，孩子怎么能从妈妈的肚子里出来？没有分离，孩子怎么能从妈妈的怀抱中离开？没有分离，孩子怎么能走出家门，去建立关系，去结交朋友，去求学，去创业，去在某一天建立属于自己的家庭？

所以没有分离就没有成长，这是再简单不过的道理了，可是很多时候，我们会忘记这个道理。所以，我们经常和自己的原生家庭纠缠不清。所谓的分离就是你是你，我是我，我们是不同的。就像细胞的分化一样，只有分化，细胞才会成为组织，才会成为器官。

不是说我们的关系好，我们是至亲，所以我们就不分你我；更不是说，你为我而活，我为了报答你，也为你而活，而是我们要活出各自的精彩。

我们都需要为自己负责，在原生家庭的关系中也是如此。父母在孩子成年之后，应该有自己的生活；孩子也不应该再依赖父母。

不管是在心理层面，还是在现实层面，都应该如此。

与此同时，一些在原生家庭受过伤的人，也不要再纠结于过去，要自己为自己负责。我们分析原生家庭不是为了责怪、抱怨父母。抛开道德方面的问题，单纯从生命尺度上来说，这也是"不划算"的。这会让我们自己的生命纠缠在和父母的关系里，固着在和父母的关系里。等着父母的道歉，无异于自我绑架。

所以对于那些在原生家庭中受过伤的人，我建议他们给自己松绑，自己做自己的父母，重新养育自己。比如照顾好自己的衣食住行，好好吃饭，好好睡觉，在各种关系中优先满足自己。

此外，我们也应该试着理解父母，因为他们的问题或许也来自他们的原生家庭，他们也是受害者。当然就如同郭德纲所说的，未经他人苦，莫劝他人善。你的恨一定是合理的，不要为此内疚。

作为一名心理咨询师，我能理解一些人对原生家庭的爱与恨。但是你要想实现自我发展，就必须另辟蹊径，而不是陷在和父母的关系中，这一点毋庸置疑。

找到自己喜欢做的事

找到一件自己喜欢做的事是生命力开始舒展的表现，也是把注意力从原生家庭那个狭小的空间里转移出来的一种方法。

作为一名心理咨询师，我见过很多因心理问题而前来咨询的人，他们大多对周围的事情不感兴趣，即他们没有自己喜欢做的事，或者说他们不喜欢做事，无法享受做事情的过程，只喜欢一个人孤独地待着。

但是如果一个人不做事,他们的精力、能量就没有办法向外释放,所以这股能量只好跟自己纠缠。所谓的心理内耗就是如此,久而久之,个体的身体就可能会出现问题。

建立并维持一段亲密关系

与母亲的关系对一个人的心理影响是巨大的,正如我们在第一节讲的,母子关系就是一个人命运的雏形。我们也说过,亲密关系有一个重要作用,就是它可以重塑这个雏形,但前提是这份亲密关系是基本健康的,两个人在其中都是真实存在的。

我们的很多心理特征都会在我们的亲密关系中表现得淋漓尽致,所以恋爱关系或者婚姻关系对于我们看见真实的自己,以及改变自己的心理状况是非常有用的。

在亲密关系中,我们要逐步真实地表达自己的需求和情绪,使两个人真正"相遇"。在两个真实自我的碰撞中,那些在原生家庭中形成的固有的东西就会松动,双方的自我就会得以重塑。

到三个人以上的人际关系里去竞争

竞争力是我们在这个社会上存在的核心因素,同时其也是对一个人心灵空间的表征。如果一个人所拥有的关系只局限于家庭关系,局限于两个人之间,那么他的心灵空间就只有两个支点,很狭小,难以容纳矛盾和冲突。

但是倘若他可以到外面的世界去竞争,去与他人合作,就会变得完全不同。除了可以获得社会地位、物质财富外,他的心灵空间还会被极大地拓展,这相当于他的心灵空间有了第三个支点。

三个支点就构成了一个空间,而且这个空间还具有三角形的稳定性。所以,我希望大家能够走出家庭,走进外面的世界,在团体中去展开自己的生命力,去竞争,去合作。毋庸置疑,那些世俗意义上的成功者,那些厉害的人,在这一点上就做得非常好。

以上就是四个超越原生家庭、发展自我的方法和途径。如果你被原生家庭所困,如果你想超越原生家庭,不妨试试上述方法!

第 2 章

唯有看见命运,才有可能改变它

你的潜意识正在操控着你的人生，而你将其称为命运

摘要 著名心理学家弗洛伊德的大弟子、精神分析流派的"王储"荣格曾说过："你的潜意识正在操控着你的人生，而你将其称为命运。"这句话让我们感受到了潜意识的巨大力量，不过这句话还有后半句："当潜意识被觉知，被意识化，命运就被改写了。"

此生我们每个人都拥有一项无比重要的任务，就是觉知自己的潜意识，拓展自己的意识范围，改变自己像剧本一样的命运，让自己活得主动、自在。

20世纪，有三个犹太人改变了世界，一个是马克思，一个是爱因斯坦，还有一个是弗洛伊德。他们分别在社会科学、自然科学、心理学领域创立了影响深远的思想体系。最为重要的是，他们的思想体系蔓延到了其他领域，对整个人类的发展产生了不可磨灭的影响，并且这种影响会一直持续下去。

什么是潜意识

弗洛伊德将人类全部的精神活动比喻成一座浮在海平面上的冰山，如图 2-1 所示，海平面上的就是我们能意识到的部分，被称

为意识；海平面下的部分占了全部冰山的百分之九十，被称为潜意识。

图 2-1　潜意识的概述图

巨大的潜意识意味着巨大的潜在力量，因此我们的每一种感受和行为背后都有来自潜意识的力量。你的感受、你的行为选择，看似有理有据，其实都是后知后觉的合理化。

潜意识为什么会成为像命运一样的东西？

从潜意识的内容我们可以看出，我们绝大多数行为和感受都受制于潜意识，包括一些非理性的认知、一些情绪反应，以及一些真实的想法和愿望、态度和信念等。这些都被潜意识影响着，而我们的意识往往只是在将潜意识的决定合理化：合理化地解释并且合理化地执行，让我们的逻辑自洽。

第 2 章 唯有看见命运，才有可能改变它

比如，我们有时会莫名其妙地不喜欢某个人，对此我们会解释说是因为这个人上次进门的时候没有敲门，没有素质，所以才不喜欢他。再比如，交朋友的时候，我们总是会选择某一种类型的人；在恋爱关系中，总是被某一种类型的人吸引；在各种关系中，总是很容易体验到某种情绪。

潜意识里的绝大多数内容往往形成于生命早期，这意味着我们绝大多数行为和感受是早就形成了的。所以如果你不知道为什么自己会有某种心理和行为，你就无法为自己做选择，你的命运就好像程序一样，被预装、被设置，身不由己。

来访者张女士今年30多岁，她告诉咨询师她总是遇到渣男，而在深入探讨之后，咨询师才发现真正的原因是她从小缺乏父母的关爱，所以成年之后，只要有人稍微对她好一些，她就会忽略那个人所有的缺点，觉得对方是自己的守护者。

在她的潜意识里，被爱成了她人生追求的主旋律。只要有人对她发出爱的信号，给予她爱，她就会觉得对方特别好，是可以信赖的，并且会无意识地屏蔽掉对方的缺点，直到现实情况非常糟糕，甚至被对方抛弃。

如果意识不到这一点，那么在一段关系结束之后，在下一段关系中还会重演这样的结局，久而久之，就会抱怨自己的命不好。

再比如，有的人不喜欢做某些事情，对某些人、某些事感到不舒服，于是就逐渐远离这些人、这些事，最后的结果就是人生的圈子或者叫"活动范围"越来越窄，生命变得越来越单薄。

生命变得单薄，就容易活在自己想象的世界里，就很难发展出

真正丰富的自我，也很难活出丰富的人生。

再比如，有的人做事情总是失败，总是在同一个地方摔倒；有的人总是感觉身体不舒服，做医学检查却没有任何问题，这些都可能是潜意识在起作用。或者说，是潜意识在"操控"或指引着他们，这无疑会给他们的人生增加很多困难。

但如果我们忽略潜意识，不去从这方面找原因、做解释、想办法，那这些问题可能永远都无解，甚至会伴随我们一生。

当你看见这些、觉知到自己的某些行为和感受来自潜意识，甚至都不需要你看见和彻底觉知，只要你产生怀疑，让原来的认知产生动摇，改变就可能发生。人的身心是一个联动的系统，牵一发而动全身。

要做到这一点，需要你反思、回顾自己经常产生的感受和习惯做的行为，结合自己的成长过程具体分析。虽然这个过程会很艰难，但只要你有意识地去做，我想你一定会成长和发展得更好。

这一节最大的价值就是让你意识到，有这么一个角度，可以去探索自己、认识自己，希望你能沿着这个角度去继续前进，我们整本书其实都是在做这方面的工作。

从某种角度来说，看见自己的潜意识，就是看见自己的命运、看见真正的自己。唯有看见真正的自己，我们才能更好地活出自己！

你的命运，在童年早期可能就被注定了，而你对此一无所知

摘要　很多人的人生都在上演这样一个模式：重复制造、重复体验；制造童年的喜怒哀乐，体验童年的悲欢离合。没有哪种伤痛是一次性的，小时候受过的伤，长大后还会经历。

潜意识中存储着我们从原生家庭习得的经验，这些经验源自我们的童年时期。如果我们意识不到它们，我们就会被它们牵制；它们就会指引我们的人生，成为我们的命运。

一个人和母亲的关系，会是他命运的雏形；一个人与父亲的关系，会影响他成年之后建立社会关系的能力。而和父母的关系经验就存储在一个人的潜意识里，不知不觉中影响着我们。改变这种影响的唯一方式就是结合自己的实际情况，意识到这种动力的存在，将潜意识意识化，拓展自己的意识边界。在这一节中，我们将从以下三个方面来认识潜意识。

内在关系模式

客体关系心理学认为，每个人都会在原生家庭中形成一种属于自己的内在关系模式，这种模式会在我们走出原生家庭，在更广阔

的空间里构建关系的时候,起到一种类似于模板的作用。比如,我们会把小时候和母亲、奶奶等女性相处的经验内化到潜意识,长大后,这部分经验就会指引我们如何与女性相处,如何跟她们构建关系。同样地,我们在成年之后会如何与男性及一些权威人物相处,以及与他们相处时有何种感受,都可以追溯到童年时期我们与父亲,或家里其他男性长辈的相处方式。

我举一个例子来更好地说明这一点。来访者陈兵（化名）是一个成年男性,在一家化妆品公司工作。他告诉咨询师,他不喜欢和男性打交道,和他们在一起让他感觉很有压力。出去洽谈业务时,如果对方领导是男性,他就会特别紧张。

这样的例子在日常生活中很常见。有的人不喜欢和同性相处,还有的人不会跟异性相处。最典型的就是一些人不会和比自己能力强的人合作,而且还害怕面对权威人物,比如老师或领导。

如果我们去追根溯源,就会意识到,这往往是由他们童年时期和父母的关系导致的。比如在我们的例子中,来访者陈兵从小和妈妈的关系很亲密；而他爸爸常年在外打工,难得回来一趟,而且对他很严苛。他母亲对他父亲很有怨言,经常当着他的面骂他父亲,说他父亲多么无情和冷漠,这导致他从小对男性就没有形成什么好印象。

他对于男性的这些感受和印象都存储在了他的潜意识里,尽管在意识层面,他并没有十分排斥男性,但是从他的人际关系,以及他面对男性时的感受可以看出,这种影响一直存在。

内在父母

童年时期，孩子会将与父母的关系内化，内化成自己的关系模式，这种内在关系模式中包含"内在父母"和"内在小孩"。

随着时间的推移，我们从曾经的孩子变成了如今的成年人，但是我们的潜意识里依然存储着我们当初的感受，以及我们内在的关系模式。在我们面对感受、面对选择时，我们就会受到影响，比如当我们要给自己花钱时，我们心中就会出现一个声音："你怎么不知道节约，赚钱容易吗？爸爸妈妈还在受苦，你怎么能享乐呢？"类似这样的声音就是你的内在父母对内在小孩发出的，尽管你长大了，但是父母对你的影响一直还在，而且还在以你小时候的方式起作用。

向父母认同

在我们小的时候，父母是我们眼里最厉害的人，是我们的权威；我们会依附于父母，在心理和行为上向父母认同。特别是当父母对我们比较严厉，我们表现得听话、懂事的时候，这种认同会更加强烈。比如我们会认为，如果父母过得不好，那我们过得好、过得开心就是对父母的一种背叛。

当然这些都是发生在潜意识里的，所以我们意识不到，但是现实结果会是这样的。比如，来访者小强（化名）在大学毕业之后留在了大城市工作，可是工作一直不顺利，最终他决定回老家县城，和母亲在一起。这个过程除了有一部分现实因素，还有很大一部分原因就是小强在主动让自己失败。

因为他从小和母亲很亲密,而母亲和父亲的关系不好,所以在潜意识里,他总是担心母亲会过得不好。尽管理性上他知道大城市有更多的机会,但是潜意识里他想认同母亲、回到母亲身边。所以最终他就以"发展不顺"的结果(或者说理由),回到了母亲身边,向母亲表达了自己的忠诚和认同。当然,这些都是在潜意识的指引下发生的,需要进行深刻的分析。

我们从上述三个方面进行这样的论述,为的是让大家看清楚这样一种人生真相,即我们的人生乃至命运,很可能在童年时期,在与父母的关系中就被注定了。意识到这一点,就可以让这种存在变得松动,我们的人生就有了改变的可能。

我们为何总在轮回

摘要 奥地利心理学家阿尔弗雷德·阿德勒曾说,幸运的人一生被童年治愈,不幸的人一生都在治愈童年。这主要是因为,童年幸福的人长大后会复制幸福,而童年不幸的人会重复不幸,这是一个人生的轮回。

很多人的人生其实都在重复同一个模式,这个模式里包含最基础的情绪、情感以及对于人和事的选择。

小时候没有完成的事情,会成为一个人的未完成事件,进入他的人生模式里,占据他的心灵空间,消耗他的心理能量,直到这一事件被理解,或者被完成。

我们先来看一个案例,看看为什么一个人会重复童年的情绪、情感以及各种选择。

来访者马雪（化名）有过失败的婚姻和情感经历。据她说，她总是被具有同样特质的异性吸引，总是喜欢那些抽烟、酗酒，有点痞子气的男性，觉得这样的男性有魅力。然而一旦与他们相处，她又会嫌弃他们，觉得他们整天就知道抽烟、酗酒，不知道上进。这种嫌弃和抱怨会引发一系列矛盾，最终导致关系破裂。

这样的剧情反复上演，最终马雪意识到，自己在和这些男性在一起之后就想改变他们，可以说某种程度上，改变他们成了自己的一种执念。这正是她情感受挫的原因。而这一切都可以追溯到她童年时期和父亲的关系中。她的父亲抽烟、酗酒，喜欢"捯饬"自己，还经常不顾家。那时候的她学习特别努力，想借此讨好父亲，希望父亲能关注自己，能多回家，可是这一切最终并没有实现。

然而，她在父亲面前所表现出来的讨好，以及想要改变父亲的愿望和心理习惯却就此保留了下来。

这些愿望和心理习惯进入了她的人生模式，成了她的潜意识，所以在成年之后，她不自觉地想找一个跟父亲一样的男性，去改变他，去完成这个内心的未完成事件。这成了她的一个执念。

从这个案例中，我们可以得知以下两点。

重复制造是因为熟悉这种行为模式

在上述案例中，来访者马雪之所以会在成年之后表现出一系列心理和行为问题，是因为那是她在和父亲相处的过程中学会的和男性相处的唯一方式，她没有学会和男性平等、独立地相处。所以在与男性相处的过程中,她会下意识地采用这样的方式;而一旦应对不来,她就会手足无措。

看到这里,你也应该思考一下,你身上有哪些行为模式和心理习惯是这样形成的。

重复制造是因为想完成改变

我们在本节开头提到了未完成事件,指的是那些小时候想做,但是没有做、没有实现的事情。比如我们的来访者马雪,她想获得父亲的关爱,想改变父亲的不良嗜好。

在她的童年时期,在她的原生家庭里,她的愿望没有实现,所以就成了她的未完成事件,一直占据着她的心灵空间,消耗着她的心理能量。所以她会不自觉地寻找具有自己父亲特质的另一半,为的就是改变他们,实现自己小时候未竟的梦想与愿望。

很多心理问题本质上都是关系问题,来访者马雪的问题是,你身上的性格特质也是。有的是与母亲的关系,有的是与父亲的关系,有的是与原生家庭中其他人的关系。正因如此,我们才会去构建特定的关系,在关系中改变对方,或者改变自己,大多数情况是企图改变对方。一旦改变不成,往往就会产生恨意,产生愤怒。可殊不知,这就像那个刻舟求剑的人一样,注定会失败。如果我们的心理问题是在童年时期形成的,那我们首先应该意识到这一点,少一些对别人的幻想、指责和要求。

我们该怎么做

贯穿本书的一个思想就是，我们首先要意识到自己的问题，看见这个问题的来龙去脉。看见即疗愈，看见就会带来巨大的松动，这一点很重要。其次就是要去关系中检验，现实的关系会说明一切，也会治愈一切。很多人之所以惧怕现实的关系，是因为在他们的经验里，这种关系让人很不舒服。

因为他们的内在关系经验单一、僵硬，不足以应对复杂、多变的外部现实关系，所以他们会逃避关系，把自己封闭起来。但是殊不知，只有现实的关系才能松动一个人的内在关系，让后者变得丰富和灵活。

我们与父母的关系成了我们潜意识里的内在关系模式，我们会用这种模式来构建关系，所以我们构建的关系都是有规律、有迹可循的。

如果在这种关系模式下，我们不开心、不快乐，而关系中的另一方也不开心、不快乐，那我们就要打破这种模式，方法就是敞开自己的内心，去接纳更多的关系模式。具体的做法就是去做以前没有做过的事情，去认识以前不想认识的人、去构建以前未曾构建的关系，这样就会产生新的关系经验，就会触发自我的改变。

不要惧怕失败，失败也是一种经验，所以这是一个百利而无一害的方法，希望你可以动起来去做，而不是仅仅去想象。如果你还是做不到，那我建议你找一个好的心理咨询师，和咨询师构建关系，在这份关系中疗愈自己。

你的期待会成为你的命运，
因为期待会成为自我实现预言

摘要

心理学上有个效应叫作皮格马利翁效应，说的是当我们期待、预判某件事发生时，这件事就真的会发生。这也被称为自我实现预言。

一个人经常说的话，也许就会成为他的自我实现预言，成为他的命运。早一点觉知到、找到自己的自我实现预言，破除它们，人生才会有改变的可能。

你每天说的话，特别是你经常说的那些话，就是你对生活的期待。有一句名言叫作："你说的话，正在塑造你"，所以你可以回忆一下，自己经常说的那些话，发出了怎样的预判和期待。

当你下定决心做一件事的时候，全世界都会来帮你。这句话表达的就是积极期待，当你发出积极期待时，你就会看到自己和别人积极的样子，反之亦然。

皮格马利翁是希腊神话中的塞浦路斯国王，擅长雕刻。他不喜欢塞浦路斯的凡间女子，决定永不结婚。他用神奇的技艺雕刻了一座美丽的象牙少女像，在夜以继日的工作中，皮格马利翁把全部的精力、全部的热情、全部的爱恋都赋予了这座雕像。他像对待自己的妻子那样抚爱她、装扮她，为她起名加拉泰亚，并向神乞求让她成为自己的妻子。爱神阿芙洛狄忒被他打动,赐予雕像生命,并让他们结为夫妻。这就是皮格马利翁效应的来源。

当然,这一现象绝不是心理学家臆想出来的,而是通过不断的论证和研究总结出来的。著名心理学家罗森塔尔就对这个现象进行过实证研究。

1968年,罗森塔尔在美国一所小学随机选择了一些学生,并把这些学生的名单郑重其事地交给了学校的校长和老师。罗森塔尔告诉他们,这些学生跟其他学生相比,素质更高,更有发展潜力,并让他们保密,以免影响实验结果。

八个月之后,罗森塔尔又来到这所学校,对名单上的学生进行了真正的测试和考察,发现他们的确发展得更好。他们比其他同学更加自信,学习成绩、人际交往状况也更好。

在这个实验中,学校的校长和老师对罗森塔尔给出的名单深信不疑,他们认为上了名单的学生更具有发展潜力,并因此对这些学生有更高的期待和评价,而这些期待和评价都会在日常的教学中表现出来,传递给他们。学生在对这种期待进行内化后,将其转变成了一种自我期待。

成年之后,父母、老师在生活中或许不再对我们发出什么期待,但是曾经的那些期待,已经被内化到了我们心中,依然发挥着作用。

你可以回忆一下,在你小的时候,他人(父母、老师)对你发出的期待、预言是什么,或者你对自己的期待、预言是什么,以及那些期待或预言对你现如今的成长和发展有何影响。

在心理咨询中，这种"一语成谶"的例子不胜枚举。

来访者王建今年30多岁，只有初中学历。他告诉咨询师，自己上小学时成绩还是不错的，但是上了初中后，有一段时间经常跟班里几个不爱学习的后进生混在一起，导致连续几次考试都不理想，班主任有一次批评他说："我看你就不是块学习的料儿。"

班主任的话严重刺痛了王建，渐渐地，他自己也承认、接受了这一点，不知不觉地朝着班主任的预判发展——一次次地验证自己不是读书的料儿。他不再努力学习，而是继续跟那些成绩不好的同学混在一起，逃课、上课睡觉、不写作业……班主任也越来越觉得他"果真被自己说中了"。

如今，王建跟初中时的班主任早已没有任何联系，但他"接过了"班主任递过来的"你就不是块学习的料儿"这个接力棒。接受了，就会下意识地努力实现它。

初中毕业后，王建四处打工，也曾在家人的劝说下学过一些技术，但他似乎依然没有逃过那个"魔咒"，学习过程中的任何困难都会让他更加相信自己"不是块读书的料儿"，从而半途而废。其结果就是，他活成了自己眼中的"失败者"。

与之相反，另一位来访者对自己发出的却是积极期待。他从小就认为自己是个幸运儿，因为在他上小学的时候，家里发生了很大的变故，迫使他辍学去打工。但他的老板在了解他的遭遇后愿意资助他读书，于是他又返回了校园。

正是因为有这样的经历，他认为老天眷顾他，于是就觉得自己做什么都很顺利，关键时刻总有人帮助他，给他力量。就这样，即使他的成绩并没有那么好，他也非常乐观，愿意尽力去学，最后考上了大学，后来还考上了研究生，现在在一家研究所工作。

他前来咨询的目的也很有意思。他问我，是不是这一路都有某种神奇的力量在帮助他，只为了让他的余生这样一路"开挂"。我笑着说："是的，你就是那个幸运儿！"

电影《牧羊少年奇幻之旅》中有一句经典台词："当你下定决心做一件事的时候，全世界都会来帮你。"它表达的就是积极期待，当你发出积极期待时，你就会看到自己和别人积极的样子，反之亦然。

你每天说的话，特别是你经常说的那些话，就是你对生活的期待。有一句名言叫作"你说的话，正在塑造你"，所以你可以回忆一下，自己经常说的那些话发出了怎样的预判和期待。

期待不一定都是积极的，消极的期待也会有这样的作用。有的人比较消极，总是说一些丧气的话，那么潜意识就会帮他实现。

对于这些被动、消极的期待，我们需要进行调整，使其变得积极，这样我们的人生才会越来越好。

潜意识可以把不好的事情变成现实，这也叫"心想事成"

摘要　　"潜意识正在操控着你的人生，而你将其称为命运。"这句话想必我们早已熟知。我们从经常说的话、反复做的事、反复出现的问题等若干方面展开论述、探讨，不断地学习，不断地认识我们的性格特征，为的就是觉知潜意识，使潜意识意识化。

心想事成之所以是一件美好的事情，是因为这种"心想"是意识层面的，可是有的时候，所谓的"心想"是潜意识发出的。别忘了，我们百分之九十的精神活动都属于潜意识。从这个角度来说，潜意识的心想事成应该引起我们的警惕，因为根据我的咨询经验，这种心想事成往往比较可怕，是一种意料之外但又在情理之中的"事成"。

接下来，我将讲述两个案例，为你提供一个思考问题的角度，去觉知自己的潜意识有没有心想事成的经历，这会是一个认识自己、理解别人的全新角度。

案例一：潜意识通过让身体出现病痛，来实现个体的真实愿望

来访者张静（化名）是一名高二学生，在父母眼里，她听话、懂事、乖巧，可是在新学期开学后，她每天早上上学前就会头晕、恶心，紧接着就是发烧。一连好几天都是如此，她妈妈带她去医院也查不出原因，在医生的建议下，她们来到了心理咨询室。

为了更好地进行咨询，咨询师让她妈妈去了隔壁的休息室，单独跟她沟通，慢慢地建立起了信任。她告诉咨询师，她在文理分科时按照妈妈的要求学了文科，因为妈妈认为女生学文科有优势，可

是自己非常喜欢化学,不喜欢待在文科班,而且她觉得只有那些成绩差的学生才会选文科,班里的学习氛围很不好。

所以每天早上她都特别不想去上课,于是就假装自己身体不舒服,可是后来即使不假装身体也会不舒服,是真的生病了。

很显然,这个来访者很不想上学,但在意识层面又不敢告诉母亲,但这个愿望如此强烈,以至于她的潜意识"看不下去",就帮她实现了这个愿望。

案例二:潜意识制造一些意外事件,让个体把内心真正的想法表达出来

在很多情况下,我们对一件事情至少会有两种想法。考虑到社会道德或周围人的评价,我们会选择大家都接受的那种,可是另一种并不会凭空消失。这时,潜意识就可能会制造一些意外事件,使这种想法以大家认可的形式表现出来。

来访者张三(化名)早年间做生意赚了点钱,在南方开了一家小工厂。可是自从他有了一些钱,老家的亲戚,各种七大姑八大姨就开始来找他借钱。这个孩子要上学,学费还不够;那个要修房子,修到一半没钱了;以前的邻居或者村里人都让自己的孩子、亲戚到他的厂子里打工。

因为他小时候家里穷,这些亲戚、邻居都帮助过他们家,所以于情于理他都无法拒绝这些请求。可是自从他的亲戚开始不断地找他帮忙、借钱,他的生意就总是出问题,总是会遇到各种意外事件。比如误判市场、产能过剩,长期合作的伙伴也突然不再续约,

中断了跟他的合作，总之就是赚不到钱了。

为此他十分苦恼，情绪很低落，前来向咨询师求助。经过咨询师的梳理，他逐渐意识到自己本来不想把钱借给亲戚、邻居，不想答应他们的请求，因为那些借出去的钱很可能收不回来。但是道德上他不能那样做，他会感到愧疚，那些亲戚、邻居也会骂他没有良心。于是，这个"不想"的声音就被压抑到了潜意识中，久而久之就引起了潜意识的关注，并引发了潜意识的"行动"，使他没有钱可借。

比如，他的潜意识觉得自己的小工厂本身也赚不了多少钱，还要"分"给那些贪婪的亲戚，那就索性少赚或者不赚，不挣钱也不能让他们不劳而获。

在潜意识的作用下，他就会做出错误的判断，也不再有积极性，对与合作伙伴的合作也不再上心，导致情况越来越糟糕。

从以上的案例中，我们可以看出，潜意识确实有着"心想事成"的能力，所以我们要警惕那些我们不敢正面表达的心声，说不定它们就会进入我们的潜意识，以一种可怕的形式表现出来。

这也说明了活得真实的重要性。但要想活得真实，我们就需要看见自己真实的一面，看见自己的潜意识。看见了，真实地活出来，人生就会顺遂。我们也就不会在挫败的时候，将不好的结果归咎于命运了！

第 3 章

如果你想心理健康，不妨想办法多挣钱

第 3 章　如果你想心理健康，不妨想办法多挣钱

心理不健康的人很难赚到钱

摘要 攻击性是人的基本动力，攻击性越是得以彰显，心理就越健康，而赚钱就是攻击性的一种升华，所以从心理学的角度来说，赚钱有益心理健康。

一个敢于表达情绪、敢爱敢恨、做选择干脆利落的人，与他人的合作会更加顺畅，也更能抓住机会赚到钱。同时，这些人的心理也会更加健康，人际关系也会更加和谐。

"攻击性"一词在心理学上的含义与我们一般的理解不同。精神分析心理学认为攻击性是人的基本动力，弗洛伊德认为，如果一个人不能合理地表达自己的攻击性，就会出现各种心理问题。

对于普通读者来说，可以把攻击性简单地理解为愤怒、脾气，以及表达自己情绪和需求的心理和行为。

如果一个人总是压抑自己的愤怒、不敢与人发生冲突、不敢维护自己的利益，或者经常感觉很自卑、缺乏活力、没有竞争力、赚不到钱，就可以断定其缺乏心理学上的攻击性。

按照精神分析心理学的说法，一个人赚钱的能力就是他的攻击性的一种升华，其他如升职、发明创造等都是攻击性在文明环境下的表现方式。

金钱也可以让一个人变得自信，变得有控制感，所以透过赚钱这件事，可以看清一个人的很多心理特征。

可以说，越是压抑自己的攻击性，就越是缺乏竞争力，越是赚不到钱。越是赚不到钱，对生活就越没有掌控感，就越缺乏安全感，心理问题也就越多，由此陷入了一个恶性循环。只有打破这个循环，才能让人生有一个全新的变化。

攻击性往往是一种竞争力

想了解一个人是不是形成了健康的竞争力，往往可以看他能不能合理地表达、是不是可以选择性地表达自己的攻击性。

一个很常见的现象就是一些人经常把攻击性指向自身，那些动不动就抑郁、焦虑，以及自卑的人都属于这类人。

来访者文斌（化名）是一个相当内向、敏感的人。在关系中，他对于他人的情绪反应很敏感，同时还有些自卑，这样的性格特质导致他动不动就自责、内疚，经常陷入抑郁状态。

如果用心理学知识来解释的话，这个来访者的心理和行为都算得上一种自我攻击。所谓的自我攻击就是总觉得是因为自己不好、自己不行，所以才造成了不好的后果。

很显然，当一个人的攻击性总是指向自身的时候，他的生命就无法进行延伸和扩展，他就会变得消极和沉重。这样一来，他很容易就会出现心理问题，比如抑郁。相应地，当一个人能合理地释放自己的攻击性时，他的心理状态就会变好，比如在和别人的竞争中，他就能发挥出自己的能力，使自己获益，并由此获得一种掌控感，进入一个良性循环。

不难理解，在当今的社会评价体系中，物质上富有、能赚钱，就是一个人具有高竞争力的表现。所以从某种角度来说，赚钱的能力是可以间接地体现一个人的心理健康程度的。

没有攻击性的人，人际关系往往也不好

一眼看上去，很多人可能无法认同标题中的这句话，但是根据心理学对攻击性的解释，我们会发现，没有攻击性的人所构建的关系往往不深刻，仅仅流于表面，这样的关系往往不会太好。

我遇到过一对夫妻，他们从不向对方发火，从不向对方表达自己的愤怒，总是客客气气的，同时他们也没有深厚的感情基础。我也遇到过另一些夫妻，他们经常吵吵闹闹，对对方有不满也从不藏着掖着，不管是嬉笑还是怒骂，他们的沟通总能深入下去，感情也因此很深厚。

在恋爱和婚姻关系中，真实的关系是不压抑的，真实意味着要承受对方的攻击性（包括负面情绪）。如果一段关系很脆弱，经受不住任何攻击，比如在有的情感关系中，两个人一吵架就要分手，那这样的关系本身可能就有问题。

相应地，如果双方通过吵架式的沟通，痛快地发泄了自己的不满，表达了自己的真实感受，关系反而可能会变得更好。这样的情况很常见，想必你也亲身经历过。

在日常的人际关系中，这一点也成立，所以从这个角度我们可以看出，一个总是压制自己攻击性的人，在关系中是不真实的，因

此他很难与别人建立深刻的关系。

除了那些明显压制自己攻击性的人，还有些人，他们的情绪和需求从小就被父母忽略，这导致他们几乎意识不到自己还有情绪和需求需要表达和满足。他们的一生过得很苍白，因为他们一直在为别人而活。所以，合理地表现自己的攻击性，表达自己的情绪和欲望，并为此采取行动是极其重要的。

当能做到这一点时，一个人就有了力量，就有了竞争力，就有了动力和创造力，很自然地也就有了赚钱的能力。所以如果觉得自己活得很压抑，没有活力，不会表达攻击性，那就先在一些小事情上，在一些已有的关系中去表达自己真实的情绪和欲望吧，一点一点去尝试。

妨碍你赚钱的几种心理

摘要 | 如果一个人的内心深处认为有钱人都是坏的，金钱是肮脏的，那么他的潜意识就会抑制他赚钱的能力。

如果一个人的内心深处认为赚钱是对别人的一种剥削，是不道德的，那么他的潜意识也会抑制他赚钱的能力。

如果一个人容易内疚，那么他会在心理和行为上向父母认同，他会把父母对自己的评价作为自己人生的方向；他会把自己的生活过得和父母一样，不会让自己过得比父母好。

赚不到钱，可能是潜意识在抑制赚钱的能力

抑制是一种心理防御机制，当我们从内心深处认为某种行为的结果不好时，我们的潜意识就会启动这种防御机制，抑制这种行为结果的达成。

在赚钱这件事上，这种心理反应很常见，这主要是因为在很多人的观念里，金钱是不好的，充满了铜臭味，有钱人大多很坏。这样的观念可以说深深地融入了一些人的潜意识。还有一些人认为赚钱往往意味着欺骗，意味着对别人的剥削，而这无疑是不道德的，会让人不安，所以为了缓解这种不安，不赚钱、赚不到钱就成了最好的办法。

来访者马强（化名）从小家庭比较贫困，小时候，他爸爸经常告诫他不要跟那些有钱人家的孩子在一块玩，别自讨没趣，那些有钱人都是名利至上，不讲道义的。他妈妈也经常对他说："咱们要安贫乐道，懂得吃苦，不要去和那些有钱人攀比，他们骨子里看不上咱们，咱们也别往他们跟前凑。"就这样，他从小就不喜欢和那些家庭富裕的孩子一起玩，长大后结交的朋友也都是一些和自己各方面条件相似的人，工作快10年了仍碌碌无为，没有取得什么成绩，还经常感到自卑。

从这个例子中，我们可以看出，从小父母灌输给他的金钱观念，以及对有钱人的印象，成了他潜意识中的重要内容——排斥金钱和有钱人。这部分潜意识抑制了他赚钱的能力，使得他远离金钱和有钱人，这是他至今碌碌无为的一个重要原因。在很长的一段时间里，他根本意识不到这一点，而对他来说，越早意识到这一点就

越好,因为"意识到"本身就是一种改变。

做不成事、赚不到钱,是为了向父母认同

做不成事、赚不到钱,是为了向父母认同,这背后会有两种情况。

其一是向父母的判断认同,比如有的父母会这样说自己的孩子:"你真没出息,你什么也干不成。"这样的判断会成为一个人潜意识的重要部分,对他的人生产生重要影响。来访者成文(化名)从小比较顽皮、好动,学习也不太好,他的父亲经常说:"就你这个样子,长大了顶多做个商贩,很难有出息,看看你大哥,人家长大后那就是坐办公室的。"果不其然,成年后的成文整天浑浑噩噩,过得很不好。类似这样的例子在我们的生活中很常见,一旦孩子对来自父母和老师的评价信以为真,这些评价就会融入他们的潜意识,指引他们以后的行为。

其二是孩子会把生活过得和父母一样。一个来访者告诉咨询师,他大学毕业后留在了大城市,而他的父母还生活在农村。每当他享受大城市的各种繁华时,他就会心生内疚,总觉得父母还在老家受苦。这是他能意识到的内心变化,是意识层面的内容,而潜意识层面的内容可没有这么简单。

在他的潜意识里,他害怕自己过得好,他觉得在某种程度上过得好就是对父母的"背叛";过得好会让他体验到道德上的惩罚,会让他感到内疚。所以在潜意识的指引下,他就会越来越平庸,最终过上和父母一样的生活。这种情况是父母和孩子没有分化的结

果——他们没有像细胞一样一分为二，各自生长出细胞膜，成为相互独立的存在。

在孩子成长的过程中，父母应该一步步放手，给他们支持，目送他们远去。为了做到这一点，父母应该在孩子大一些的时候，就主动"抛弃"孩子，享受自己的生活，这样孩子才能安心离开，去追寻自己的精彩。可是有一些父母，特别是那些自我不够强大的母亲，会在孩子面前暴露自己的脆弱，比如她们会说："我身体不好，我很孤独，你是我唯一的希望。"类似这样的自我表露会把孩子困在母子关系里，将其绑在母亲身边，过和母亲一样的生活。

综上所述，赚钱这件事也会受心理因素的影响，你潜意识里对金钱的观念、你与父母特别是你与母亲的关系，会在你赚钱的过程中体现得淋漓尽致。意识到这一点不仅有利于你的心理健康，没准还能使你多挣一些钱。

三种力量影响着你的赚钱能力

摘要 | 赚钱的能力可以看作一个人自我的一部分，即自我的健康程度可能反映在赚钱这件事上。这是精神分析心理学关于金钱一个独到的解析。这也为我们认识自我、松动自我提供了一个方法。

你和金钱的关系，就是你和需要的关系。在生命早期，你的各种生理需要能否被及时满足，这些经验都存储在了你的潜意识里，现如今投射到了你和金钱的关系上。

受传统文化的影响,一些人害怕出名、害怕富有,因为这会招来别人的"惦记"和嫉妒,甚至会遭到别人的剥削。所以在这种"怕"的力量驱使下,他们就会赚不到钱。

这一节,我们将从三个维度去分析一个人赚不到钱的原因,看看到底是何种力量在阻碍你赚钱。

在早期关系中体验过匮乏,成年后将这种关系投射到了与金钱的关系上

人是活在关系中的,这个"关系"包括与他人的关系、与事物的关系,当然,也包括与金钱的关系。

一个成年人与金钱的关系,往往是他内部关系世界的一种投射,而我们都知道孩子生命之初最重要的关系就是和抚养者之间的关系。这个抚养者一般是母亲,即一个人关系的雏形往往是他和母亲的关系。

襁褓中的婴儿以及低幼儿的需求较为简单,但这些需求的满足全部要依赖抚养者,尤其是母亲,所以他们极度依赖母亲。母亲满足他们需求的速度和程度,就是他们和母亲关系的基础。

如果他们的需要得不到及时满足,并且经常、反复被忽视,就会使他们产生固着性的心理创伤,留下匮乏感,从而会成为他的关系经验,存储在他的潜意识里。成年之后,面对与金钱(需要)的

关系，他会无意识地创造生命早期的这种不被满足的经验，因为这是他熟悉的经验，他对此有免疫力。所以他就会远离金钱，从而使自己经常性地体验到不被满足的感觉。

家庭文化不认可赚钱

除了个人的关系经验，还有家庭（家族）文化，这也是一种关系经验。比如我们经常会听到父辈对孩子说："你要安贫乐道，你要能吃苦。"父辈们会形成自己的集体文化潜意识。

来访者李云（化名）本身很有能力，很会做生意，但是到了一定阶段他就会下意识地"主动求败"，导致生意失败。因为他们家三代人——爷爷、爸爸、弟弟都是体力劳动者，尽管很贫穷，但却以这样的生活为荣。他们家又是一个很传统的家庭，非常注重孝悌之义；他们觉得做生意的人都是骗子，是二道贩子，是奸商，是不劳而获的懒人！

尽管他受过良好的教育，懂得要想活出自己，过上想要的人生，就不能听信别人的偏见，但是在潜意识的指引下，他还是向家庭表现出了认同，下意识地使自己的生意失败。

潜意识里怕被嫉妒或剥削

内心越是不强大的人，越怕被别人嫉妒，因为他害怕遭到别人的攻击。这样的人在生活中很常见，他们往往自卑、敏感，经常压抑自己，不敢与人发生冲突。

弗洛伊德认为，生命力重要的表现形式之一就是展现自己的攻击性,在赚钱这件事上,所谓的攻击性就是竞争力。

有些人因害怕被嫉妒就不展开竞争,表现出一副与世无争的样子,还有些人则是因为害怕被剥削。比如,有个来访者告诉咨询师,她很小的时候就开始打工赚钱,什么脏活、累活都干过。直到有一天她发现,因为有她努力赚钱,家里的其他人就都不努力了,全家人都想着依靠她,这让她很痛苦。

除了心理上很痛苦,事实上她也开始赚不到钱了。家里人对她的剥削导致她攒不下钱,无法享受生活,进而没有了努力赚钱的欲望。于是她就下意识地远离各种机会,即开始赚不到钱。

以上就是关于一个人赚不到钱的心理学论述,这样的论述有何作用呢?它至少给我们的"看见"提供了一个视角,一旦"看见"这部分影响自己的潜意识心理,它就会松动,我们就会改变。

这三种人可能很难赚到钱

摘要 　 不是你赚不到钱,而是在你的潜意识里有对金钱的恐惧,有对竞争的恐惧,有对强大的恐惧。在潜意识的操控下,你的超我会对你赚钱的能力进行打压,所以如果你不从潜意识层面着手,就很难有根本性的改变。

一些人向往成功,追求幸福,但是成功、幸福往往意味着要成为别人羡慕、嫉妒的对象,这就可能会导致我们失去一些人际关系。如果你潜意识里惧怕孤独,惧怕成为别人关注的焦点,惧怕被嫉妒,那你就很难成功、

第 3 章 如果你想心理健康，不妨想办法多挣钱

很难幸福。

最近，罗永浩开始直播卖货了，网络上就有一些人说他终于败给了现实，开始"卖艺"了；还有人说他没有了当初的情怀，不再理想主义了，开始有了一股铜臭味。

总之，很明显有一些人骨子里（潜意识里）看不上"钱"，看不起赚钱的"生意人"；他们认为自己不喜欢钱，我想这也是他们赚不到钱的一个原因。

由于金钱和人性的关联实在太紧密，因此关于"金钱心理学"的论述，可以撬开更多的人生真相。比如下面这三种人，可能会赚不到钱。

恐惧金钱的人

判断自己是不是恐惧金钱，不能单凭自己的意识（理性），而是要综合审视自己的各种心理和行为。

来访者李俊（化名）是一名多次创业的中年人，从事的是农产品收购加工行业。每次他一有现金流，他的生意就会出差错，然后钱就被"败光"了。对于他的差错、损失，如果我们从理性和意识层面去解释，会觉得合情合理，比如遇到的买家不靠谱、市场不景气等。但是当我们跳出这些局部特征来全面分析的时候，就会发现，他其实在农产品业务方面很有见地，在行业里也小有名气，但是生意总是做不大，总是进一步退一步，基本上就是在原地打转。别人和他自己都认为这是因为他的运气不太好。

经过咨询师的深入分析,他意识到,他潜意识里有对金钱的恐惧,有对自己强大的恐惧。因为在他看来,有钱、变得强大就意味着会对周围人产生压迫感,拉远与他们之间的距离,甚至会引起他人的嫉妒,成为他人眼中的焦点。因此,他不敢太有钱,所以会下意识地把钱"败光"。

恐惧幸福的人

可能很多人在看到这个标题后会下意识地反对:我一生追求幸福,怎么可能恐惧幸福呢?

我们刚刚讲到,有些人会恐惧金钱。通常来说,幸福与金钱存在一定程度的相关。心理咨询的经验告诉我,一些人之所以得不到幸福,甚至会下意识地做一些破坏幸福的事情,主要是因为在他们的潜意识里,对于幸福是恐惧的;在他们的原生家庭里,追求幸福是不被祝福的。

来访者金秀(化名)总是感情不顺,先后经历了失恋、离婚、被别人欺骗,还卷入了一场官司。听她描述自己的过往经历,你会觉得她很不幸。她成长于一个单亲家庭,和母亲相依为命;她很孝顺,很听母亲的话。

在遇到这样的案例时,一般情况下,咨询师都会佐证一下,来访者与母亲的关系中是不是存在"共生"的情况。很明显,金秀的心理和行为表明,她就属于这种情况。于是咨询师就不难理解为什么她总是不能幸福,因为潜意识里她害怕自己幸福,认为这是对母亲的抛弃和背叛。

"妈妈还在受罪,我怎么能追求、享受幸福呢?"在这种想法的驱使下,金秀对于自己的幸福感到深深的内疚和不安,为了避免这份内疚与不安,她就会下意识地破坏自己的恋爱关系乃至婚姻,以此来认同妈妈,和妈妈"在一起"。

这样的人、这样的亲子关系,在现实生活中很常见:父母与孩子太亲近,亲子关系中充满了依恋和控制,导致孩子没有勇气和能力离开父母,特别是母亲。他(她)总是会担心母亲过得不好,于是在潜意识的指引下,他(她)就会认同母亲,不敢过得比母亲好。

惧怕父亲、老师等权威的人

我们之前提到过,在男女生理差异、社会文化等各方面因素的影响下,父性往往代表着竞争力和攻击性,母性则代表着包容和温暖。

一个人小时候和父亲的关系,长大后可能会外化到他的社会关系中。小时候和父亲关系不好,惧怕父亲,可能会进一步泛化为惧怕和父亲具有相似特质的人。而一个惧怕父亲、老师等权威的人通常会惧怕竞争(攻击性),但是很显然,在现实生活中,赚钱往往需要竞争。惧怕竞争的人往往不参与或者退出竞争,一味地妥协和让步,自然也就很难赚到钱。

荣格曾说过:"潜意识即命运,但是当潜意识被意识化,命运就被改变。"当你意识到这一点时,人生会大不一样。希望我们能通过赚钱这件事,更加清楚地认识自己、看见自己,最后活出自己!

为何你会认为"谈钱伤感情"

摘要 | 金钱是人性的试金石，有没有钱、会不会赚钱、能不能利用好钱，都可以反映出一个人的心理状况。

认为谈钱会伤感情的人，自我往往很虚弱；虚弱的自我很难有一个清晰的边界，这样的自我很难容纳规则，也很难有力量。

接受过心理咨询的人都知道，心理咨询是收费的；收费是心理咨询有效的原因之一。收费就意味着咨询师要和来访者谈钱，而在很多人的观念里，谈钱会影响甚至伤害感情。为什么他们会这么认为呢？

因为内心自卑，所以想和别人不分你我，从而认为谈钱会伤感情

内心自卑的人，用心理学的语言说就是自我虚弱的人，惧怕和别人边界清晰，他们想和别人融合到一起。

他们希望和别人不分你我，觉得如若不然就显得生分，就会破坏感情。因为自我太虚弱，所以在潜意识里，他们觉得自己无法独立存在。也正因如此，他们做不到和别人明明白白、光明正大地谈钱。

第3章 如果你想心理健康，不妨想办法多挣钱

来访者张丽（化名）从小城市来到大城市工作，身边没有朋友，加上她性格内向，不喜欢说话，也很难结交新朋友，所以总是感到很孤单。唯一一个关系不错的朋友就是她的舍友小吴。但是现在她对小吴也心存芥蒂了，因为她感觉没有办法和小吴谈钱。小吴总是让她帮忙买东西，比如带个饭、买个零食，但是总不及时还钱，有时还会忘记。

她们各自住的房间大小、布局、功能各方面都不一样，两个人对公共空间的使用也不一样，但是她们一开始并没有商量好每个人要承担多少房租、水电和物业费用。小吴是一个大大咧咧的女孩，对这些并不在意，而张丽却是想谈却不好意思开口。

因为谈这些事就意味着要谈钱，而她惧怕谈钱。因为她在这个城市没有什么朋友，她怕谈了这些之后，小吴会生气，会离开自己。她觉得谈钱这个事本身就显得两个人很生分，会让她心里不舒服。这还是因为她内心自卑、匮乏，需要被满足。她觉得把省吃俭用的钱用在别人身上，能让她体验到一种付出感。

我们可以设想一下，假如张丽是一个内心丰盈、自信且富有的人，那她在给予的时候还会不会有付出感呢？显然是不会有的。而现在的张丽既希望能和别人亲密无间地相处，没有边界也不谈钱，但又不能坦荡地给予。这一切都可以归咎于她内心的自卑。

因为内心自卑，所以不敢和别人竞争，从而认为谈钱会伤感情

心理健康的人往往是有力量的，他可以去和别人竞争，去争取

自己的利益。我们在之前的内容里讲过，一个人赚钱的能力往往是其生命力升华的结果。一个人越是能赚钱、会赚钱，自我就越是有力量，心理就越是健康，这其实是一个很实在的道理。而在赚钱这件事上，与别人竞争是在所难免的，跟别人坦坦荡荡地谈钱也是在所难免的。但是有的人就是不敢这样做，这导致他的心理状况和实际的生活状况都很不好。

来访者王强（化名）在一个二线城市从事物联网技术方面的工作，按理说这一行业的收入不低，可是工作好几年了，他的工资仍不见上涨。他告诉咨询师，他不好意思和老板谈钱，因为老板是自己的同学。但是咨询师经过分析发现，实际上他是惧怕和别人竞争。新兴的互联网创业公司竞争很激烈，可是王强从小就比较胆小，小时候不敢和父亲说话，在学校里不敢直视老师，身体也比较瘦弱，所以不喜欢和男生一起玩。也就是说，他从小就惧怕竞争，惧怕权威性的人物。他的内心很自卑，自我很虚弱，潜意识里他怕自己受到别人的攻击。但是他不愿意承认自己是因为内心自卑、自我虚弱才不敢和别人竞争，那样会让他产生羞耻感，所以他就合理化地认为，不谈钱是因为自己重感情、清高。

心理健康的人，自信且有力量

心理健康的人，自我是不虚弱的，他们自信且有力量。我不崇尚拜金主义，但是在现实生活中，金钱确实可以使一个人的自我强大。

我们的生活都需要一定的物质基础，所以只有在拥有一定的物质基础之后，我们才能去谈其他东西。从心理学的角度来说，赚钱是原始能量的一种升华。因为对于原始人来说，越是擅长狩猎的高手，拥有的资源就越多；他也就越自信、越有力量。这种心理通过进化刻进了我们的基因。

当我们做不到或者在这个过程中受阻时，心理就会出现问题。要想解决这个问题，我们就要坦坦荡荡地和别人谈钱，因为谈钱本身不伤感情，压抑和虚伪才会真正伤害感情。做一个真实的人，真实地活出自己，在该谈钱的时候，就坦坦荡荡地去谈，不要压抑自己，也不要去臆想别人，这样我们会活得更好！

舍不得给自己花钱，当心会越来越穷

摘要

生活中，有一些人总是舍不得给自己花钱，对自己很"刻薄"。一对自己好一点，他就会特别内疚，觉得对不起家里人，特别是父母；或者他觉得给自己花钱是不道德的，会让自己心里不安，这其实是一种心理问题，是一种心病。

绝大多数这样的人并不穷，而是他舍不得。如果从道德层面去分析，我们会觉得他们的道德水平高，懂得节约。但是作为心理学工作者，我不会这么简单地看问题。

舍不得给自己花钱，是因为内心的匮乏，这是一种心病

物质上的匮乏很容易解决，但是心理上的匮乏改变起来就不太容易了。但很多时候，一个人不舍得给自己花钱并不是因为物质上的匮乏，而是因为心理上的匮乏。

来访者吴女士是一位家庭主妇，丈夫经营着一家企业，平常工作比较忙，所以家里的各项支出都由她负责，但是她从来都舍不得给自己花钱。她给老人和孩子买的都是价格不菲的名牌产品，但给自己买的往往是打折的便宜货，而且很少给自己买东西，她说她舍不得给自己花钱。

吴女士成长于一个重男轻女的家庭，小时候严重缺爱，为了得到父母的关爱，她表现得很听话、懂事，从小就会做各种家务。现在在和丈夫的关系里，她也在沿袭这种关系模式，她很会持家、照顾别人，她丈夫也非常看重这一点。

因为内心匮乏、缺爱，所以她表现得很懂事，不给自己花钱，通过这样的方式来讨好丈夫，期望丈夫能给予自己关爱，承认自己的价值。这样的心理和行为其实就是一种心病，她把所有人都照顾得很好，唯独没有照顾好自己。

舍不得给自己花钱，是因为道德感太强，这也是一种心病

对于另一些人来说，舍不得给自己花钱是因为道德感太强；道德感太强，自我就会被压抑，就会变得虚弱。在道德感的压迫下，虚弱的自我经常会感到内疚、自责和不安，比如下面的两种情况。

第一种情况是，在一些人的潜意识里，给自己花钱就意味着堕落和奢靡，是贪图享乐的象征，显然是不道德的。所以当给自己花钱的时候，内心就会受到谴责，就会不舒服。当然这种觉知在意识层面不会那么强烈，正如有句话说的，潜意识层面波涛汹涌，意识层面只是微风吹过。

还有一种情况，就是一些人在给自己花钱的时候会想到父母。一位来访者告诉咨询师，他每次一吃好吃的，就会想到家里的老母亲。尽管他母亲过得也不错，但他总觉得母亲过得不如自己，自己不该一个人享福，并因此内疚、自责。这种情况跟他的成长经历，跟他和母亲的关系有关。关于这一点，我们在之前的章节中已详述过，在此不再重复。

舍不得给自己花钱，赚钱的欲望就会减弱，最终会越来越穷

我们经常听到经济学家说要刺激消费、拉动内需，这背后的原理是，如果人们愿意消费，他们赚钱的热情就会高涨，就会形成良性循环。这一规律在心理学上也是成立的。反过来说，舍不得给自己花钱的人，赚钱的欲望就会减弱，就会越来越赚不到钱。而且即使他理性上想赚钱，潜意识里也不想，在潜意识的指引下，最终就会变得越来越穷。

人的身体和心灵是一体的，会相互影响。给自己花钱，其实是对自己的一种奖励：通过奖励身体，让自己的心灵得到滋养。也许有人会说，奖励自己不一定要花钱啊。这么说也没错，但是人作为

一种社会性动物，再加上周围环境的影响，衣食住行等物质上的绝大多数享受确实是需要花钱的。

最后我想说，要在自己力所能及的范围内对自己好一点，要舍得给自己花钱，让自己"尝点甜头"，这样你才更有底气，才能够更好地去奋斗、去赚钱，让自己活得更好！只有自己活得更好了，你才有能力去滋养和感染身边的人。一片土地要想长出茂盛的植物，首先得肥沃，不能太贫瘠。舍得给自己花钱，就是在好好照顾自己，就是在丰富自己的内心，就是在肥沃自己心灵的土壤。当你心灵的土壤变得肥沃时，你自己和你关系中的他人，才会活得更好！

第 4 章
没有无缘无故的梦，每一种梦都是在表达

第 4 章　没有无缘无故的梦，每一种梦都是在表达

为什么越是对自己忠诚的人，越少做梦

摘要　　一个人的意识觉知范围越大，潜意识的影响就越小，他活得就越自在。而做梦是潜意识在寻求表达，为什么潜意识要寻求表达呢？这是因为意识的觉知受阻，意识觉知的范围太小，以至于潜意识中积压了太多内容无法被呈现。

一个人的睡眠质量越好，心理越健康，做的梦就会越少，因为他活得忠于自己，他活得不压抑，所以潜意识用不着绕个弯在梦中表达自己，该表达的，该呈现的，在白天都实现了。

当现实和理想发生冲突时，人就会做梦，就会睡不好觉。这时是改变理想，还是改变现实呢？我的建议是拥抱现实，让理想和现实统一，以便睡个好觉。

梦也是一种表达形式，只是这种表达是隐晦的，绕了个弯，需要我们去仔细觉知，才能理解我们的内心在表达什么。弗洛伊德认为梦是潜意识的表达，是潜意识中被压抑的内容在我们睡着的时候进入我们的意识活动，被我们感知到了。

因此，越是不压抑自己、越是活得坦荡的人，做的梦也就越少。换句话说就是，越是对自己忠诚的人，就越少做梦。

梦是什么

说"梦是被压抑的心理内容"也不太合适，不完全准确，因为有的梦确实是直接的表达，比如小时候我们会梦见自己想上厕所但就是找不到厕所，醒来之后发现是真的想上厕所。当然，这样的梦只是少数。

随着年龄的增长，我们的超我越来越强大，时刻监管着我们的意识；但当我们进入睡眠状态，意识放松的时候，这种监管就会松懈。这时，潜意识中一些被压抑的想法、感受，以及欲望就会改头换面出现在我们的脑海中。那如何才能少做梦，让身心真正在睡眠中得到休息呢？

忠于自己

越是对自己忠诚的人，就越少做梦，这是我自己的一个思考，仅供你参考，并且我觉得把这个思考写出来也是对我自己的忠诚，否则我可能就会做梦，做与此有关的梦。从我的工作经验来看，经常失眠、多梦的人，心理往往不健康；来做心理咨询的人，大多都比较喜欢做梦。

来访者郭霖（化名）告诉咨询师，他总是情绪低落、无精打采，晚上经常失眠好不容易睡着又开始做各种各样的梦。而且通常情况下，他梦中的情绪大多是消极和痛苦的，所以睡觉对他来说起不到休息的作用，醒来之后他会感到很疲惫。

郭霖是一位房产销售，他的工作对人的社交能力要求很高，而且还有业绩的要求，但是他的性格却比较内向。郭霖的家庭条件很不好，父母都是老实巴交的农民，一年到头种的庄稼只够一家人吃，所以家庭的重担就压在了他一个人身上。可是奈何郭霖的自我太虚弱，一来承受不住这份压力，经常体验到焦虑；二来他的内心很矛盾，因为自己不喜欢这份工作，而自己喜欢的工作又赚不到钱，养不了家。

因此，他经常做梦，梦见自己在上学、在考试，梦见自己报考了一所师范大学，可是没有被录取；梦见和客户吵架，客户向自己道歉，但是自己很紧张；梦见要离开公司，老板极力挽留，还给自己涨工资，自己不知道是走还是留。

现实中的郭霖，不管是从事的工作，还是生活的方式，都不是他想要的，但是他又没有勇气和能力去改变。在梦中，郭霖离理想中的自己近了一步，但那似乎也不是他的真实自我，因为即使是在梦中，他也背负着现实中的压力。他或许需要换一份工作来忠于自己，但在某些方面，他又需要接受现实，唯有这样才会过得更好。

接纳自己，让理想和现实统一

我们都是"俗人"，所以很少有人完全按照本心活着，似乎现实和理想总是相去甚远，但这或许不是一个好的结果。假如一个人接纳了现实，拥抱了现实，那么他的理想和现实就是统一的，现实自我和理想自我就是同一个人，梦就会减少。

有时，我们会违背自己的初心，做一些不愿做、不应该做的事情，并为此经常做梦。在这种情况下，可能就需要找回初心，改变自己的行动方式。

梦的三种类型

摘要 人都会幻想、会想象，这就有了美梦；人也会焦虑、会担心，这就有了焦虑的梦；人还会恐惧，害怕受到责罚，这就有了恐惧的梦。

我们幻想出来的东西有时不符合道德要求和社会规范，因此会被压抑；总是对不确定性感到焦虑不安，对于权威很是惧怕，这表明自我太虚弱。而这会引起自我的羞耻感，因此也会被压抑。

一谈到梦，就不得不提及著名心理学家弗洛伊德，他是精神分析心理学的开山鼻祖，也是解析梦的大家。

他所著的《梦的解析》（又译为《释梦》）一书是心理学上论述梦的经典之作，奠定了他在解梦领域无与伦比的心理学地位，至今无人能出其右。

弗洛伊德认为，人们做的梦基本上可分为三类，分别是：愿望实现的梦、焦虑的梦、恐惧的梦。我们要解梦，也要从这三方面入手。

回顾白天的愿望，去解释愿望实现的梦

弗洛伊德认为，人们做梦是为了在梦中实现自己的愿望，因为在现实生活中，有一些愿望是不被允许的，会受到道德规范的约

束。那些日常生活中被压抑的愿望，在梦中就可以得到实现，这是人们喜欢用的方式。因为在睡眠状态下，对意识活动的监管也会松懈，被压抑到潜意识里的愿望就开始活跃、表达出来。

但是这种表达不会很直接，可能只有一部分梦能直接达成你的愿望，比如你白天特别想做一件事，梦里就成真了；绝大多数梦的表达都会绕个弯，即以一种"改头换面"的形式出现，所以我们要对梦进行解释。我们需要结合个人经历来分析具体的梦境，所以你需要回顾一下自己白天都有哪些"非分之想"，看看梦中的情节和白天的愿望有哪些相关之处。

理解自我的焦虑，去解释焦虑的梦

焦虑是人的共性，如果一个人太容易焦虑，那就说明他的自我太虚弱。这可以进一步反映出他的其他问题，比如内心自卑、容易紧张，最为常见的就是容易失眠、多梦。

最常见的反映焦虑情绪的梦就是梦见考试。由于考试对我们绝大多数人非常重要，所以潜意识经常会用梦见考试来向我们传递焦虑体验。如果你经常做这样的梦，就说明你在现实生活中很焦虑，你需要着手去解决焦虑问题。

看见自我的恐惧，去解释恐惧的梦

恐惧是一种情绪底色，很多负面情绪的底色都是恐惧，比如愤怒。越容易愤怒的人，可能内心就越恐惧。

面对恐惧，我们的祖先会怎么做呢？他们在面对庞然大物的袭击时会逃跑，所以这种心理反应是刻在我们基因里的。梦见被人追赶可能就表示你很恐惧，这可能是因为在现实生活中，你面对的人和事是令你恐惧的。

不仅祖先遗传给我们的应对恐惧的方式会在梦中出现，道德文明、社会规范的约束力也会在梦中以"惩罚有罪者"的方式体现。所以当一个人在生活中违反了道德规范，而他的道德感又比较强时，就可能会梦见被追赶，或者梦见自己身处某个可怕的场景中。

来访者赵宇（化名）从小很听父母的话，毕业之后在父母的要求下回到老家，去了亲戚的公司上班，但是他觉得那样的生活不是自己想要的，于是就偷拿了父亲的三千块钱，一个人去了大城市。但他在大城市的求职并不顺利，而且晚上经常做噩梦，梦见自己被一个身材高大的人追赶，自己怎么跑都跑不快，很害怕。他之所以会梦到被追赶，除了有找工作的压力，还有道德上的自责——偷拿了父亲的钱，所以心里很不安。

对于这种梦，你需要看见、理解自己的恐惧，根据具体事件在现实和心理两个层面进行相应的调整，这种梦就会减少或者消失。

你经常做的梦，可能暗含着你的人生启示

摘要 ｜ 经常做同一类或者同一个梦，那么这个梦对你而言肯定是有重要意义的。因此，你有必要探明究竟，搞清楚这个梦在表达什么。这是看见自己、活出自己的必要途径。

第 4 章　没有无缘无故的梦，每一种梦都是在表达

> 一个经常出现的梦必然是带着某种使命的，你不理解、不处理它，它就完成不了它的使命，它就会一直出现。

我一直在说，梦是一种表达，是在潜意识的推动下，绕过意识监管进行的一种表达，因为它绕过了我们的意识，所以这种表达更接近我们的本心。因为意识中有太多内容是"舶来品"，是别人灌输给我们的，是我们自己未曾实践和检验的东西。它们对我们而言或许只是一个谎言，但却指导着我们的人生，我们甚至将其中的一些奉为圭臬。因此，我们的人生有时就会出现问题，我们的自我有时就会出现冲突。那时，我们的潜意识就会以梦的形式寻求表达，以这样的方式启示我们，帮助我们找到正确的方向。

为什么说你经常做的梦，暗含着你的人生启示

有时，我们会发现，我们会经常做同一类或者同一个梦。比如上一节中谈到的考试的梦，一些早已不用考试的人会经常梦到考试。如果你经常做这样的梦，那说明它对你是有所启示的，不要轻易放过它，而要去觉知它在表达什么。

为什么要去觉知经常做的梦呢？这有两方面的作用：一是这种觉知可以在现实层面对你的人生有一些启示，让你发展得更好；二是可以调节你的情绪，减少你的内心冲突，让你能够在睡眠中得到休息。

你经常做的梦变了，说明你的人生可能也变了

你经常做的梦变了，说明你的人生，或者你的自我也发生了比较大的变化，这其实是一个非常好的现象。

在心理咨询中，很多来访者做的梦都不是美梦，他们在梦中的情绪大多是紧张、焦虑和恐惧的。理解梦的一个很好的方法就是理解梦中的情绪，因为情绪是真实的，它和现实生活中的情绪是一致的。

经常做的梦其素材来源于过往的经历，其中的情绪必定是你过去多次体验过的。这些情绪的再体验就是想把你"拉回去"，让你意识到现在面临的选择、面对的事件和当初的是相似的。当那些紧张、焦虑和恐惧的情绪不再出现，你能更好地在睡眠中休息，就说明你的自我变得更强大了，或者你目前的生活状况让你比较满意了。

如果你经常做同一个梦，记得去找寻它的真相

梦是一种表达，一个梦之所以反复出现，就是因为我们没有真正地理解这种表达。我们单纯地把它当成了一个梦，而不是一种人生启示。这种启示可能并没有神奇的预见作用，但是理解它必定能改善我们的心理健康状况，至少做梦能让我们更好地休息。

来访者张军（化名）告诉咨询师，他经常做同一个梦，梦见自己和小学时的班主任吵架，当时自己很愤怒，很紧张，也很恐惧。很明显，这个梦的情绪感受是不好的，他在梦中经常体验到这种情绪，这影响了他的睡眠。要解释这个梦，就必须从他自身的生活环

第 4 章　没有无缘无故的梦，每一种梦都是在表达

境、过往的经历去分析。

张军的父母在他很小的时候就离婚了，印象中他就没有见过自己的父亲。据他母亲说，是他父亲抛弃了他们，所以张军从小就对父亲有很强的恨意。

他梦里的小学班主任其实就是父亲的一个象征，张军后来的各种人际关系也验证了这一点。他总是处理不好与男性权威的关系，比如男性老师、领导，以及一些能力比自己强的同事。所以他梦到与男性班主任吵架，发泄自己的情绪，其实就是在向没有印象的父亲表达恨意。

那为什么父亲的形象被换成了小学班主任呢？原因有三：其一，他从小就没有见过父亲，可以说小学的班主任是他接触到的第一个男性权威；其二，由于道德观念的约束，他未必能做到直接向父亲表达恨意；其三，小学班主任和父亲都是男性权威，从某种角度来说他们是等同的。

明白了这一点之后，我们要做的就是帮助张军承认、接受自己的这种恨意，将其以一种合理的方式表达出来。只有这样，这个梦才算完成了它的使命。

当然不同的梦，需要根据来访者不同的性格特征和过往经历去具体问题具体分析。要认识自己、发展自我，分析经常做的梦无疑是一个比较好的选择。

两种使你从梦中得到提示，避免做事失败的方法

摘要 | 人有两套认知系统：一套是意识的、理性的；一套是潜意识的、往往是非理性的。后者通常来说更全面、更细致。日常生活中，当意识的、理性的选择和判断错误时，潜意识就会在梦里表达，激烈地表达，甚至以噩梦的形式出现，企图纠正你。

解梦就像现代人读古诗一样。古诗是浓缩的、精练的，梦也是如此；古诗中有象征，有意象，有各种修辞手法，梦也是如此。所以如果你理解不了自己的梦，不妨回忆一下当年上学时，自己是如何进行古诗鉴赏的。

在本节中，我将探讨两种从梦中得到提示或警示的方法，以避免一些不必要的失败，使我们生活得更加容易一些。

觉知自己的噩梦

尽管梦可能是假的，但梦中的情绪一定是真的，即使是噩梦中的情绪也是真的。痛苦就是痛苦，害怕就是害怕，它是你潜意识里蕴含的真实感受。

来访者马力（化名）是一个从农村一路打拼，到大城市创业的中年男人，但自从他跟别人签约了一个项目后，就开始隔三岔五地做噩梦。

第4章 没有无缘无故的梦，每一种梦都是在表达

他梦见自己被一个同学从很高的悬崖边推了下来，下面有几只野狗在汪汪叫；他还梦见自己的妻子和孩子都跟别人跑了，自己被几个蒙面大汉捆起来拉扯……如此种种，其实都预示着他的事业选择可能出了问题，可能会导致他一落千丈、妻离子散。梦中有个细节是把他推下悬崖的是他的同学，而他的这个项目的合作伙伴就是一个多年不见的同学从中介绍的。

这些都是潜意识对他的暗示，因为在日常生活中，潜意识会接收到更多信息，而那些信息往往会被意识忽略。例如，马力的潜意识可能认为他的合作伙伴不靠谱，因此才通过梦的形式提示他。正好马力那段时间正在接受咨询，通过和咨询师的探讨，他采取了一些措施，在合同上进行了一些补充和修正。后来他了解到，他的这个合作伙伴确有"前科"。正是因为及时的调整，才避免了一场损失。

对于这些，他一开始是不相信的。人都有自恋心理，他不愿承认自己当初拍板决定的事情是有漏洞的，于是就压抑自己的情绪，压抑心中的疑虑和困惑，所以这些情绪就通过梦表现出来了。

觉知那些与身体有关的梦

很多人都会做与自己身体有关的梦，比如梦见头发、胳膊、手等身体部位，这些部位往往都有一定的心理隐喻。你的生活状态出现什么问题，你就会梦到相应身体部位的变化。

比如，有一个来访者总是梦见自己掉头发，实际的状况是她和爱人的感情不太好，而她自己没有意识到，或者说在意识层面她不

愿承认这一点。

再比如，有一个来访者经常梦见自己在开车时手受伤了，疼痛难忍，这时一旁的父亲说："我就知道你开不好车，你过来，让我来开。"而现实的情况是，他和父亲的关系一直很不好。在家里，他们俩一直争夺话语权。自己的手受伤，就意味着自己在和父亲争夺控制权的过程中失败。在梦中，权力往往和手相关，而开车，也代表着一种掌控。

还有一个来访者说，他经常梦见自己的脖子疼。而脖子是身体的一个重要联结处，象征着关系。而现实中的情况是，他在日常生活中经常处理不好人际关系，并为此很苦恼。

这些梦中的意象与古诗中的意象类似，就像我们要把古诗中的"柳""折柳"理解成朋友惜别一样，梦中的各种意象也需要我们这样追根溯源。

总之，梦在很多时候对我们的生活都是很有价值的，它们是潜意识传递给我们的信息，这些信息有利于我们更好地成长和发展。信息之所以要以这种方式传递，是因为在清醒的时候，道德、观念、自恋、压力等因素会进行干扰。而在我们睡着的时候，当意识的监察官"玩忽职守"时，这些信息就会变换形式进入我们的梦中。

从梦中得到答案

德国化学家弗里德利希·凯库勒梦见一条响尾蛇咬住了自己的

第4章 没有无缘无故的梦,每一种梦都是在表达

尾巴,于是他受到启发,发现了苯分子的化学结构,是一个首尾衔接的六边形。发明缝纫机的美国发明家伊莱亚斯·豪,梦见原始人拿着长矛追赶自己,长矛的尖端有孔。醒来之后,他受到启发发明了缝纫机。

抛开这些传奇般的故事,我们就拿身边的人来说,你或者你身边人,有没有过类似的、从梦中得到答案的经历呢?

我身边有一位学霸级的同学,他的数学成绩特别好,很喜欢攻克难题。有一天晚上他做数学题时,有一道题他思考到很晚都没有思路,然后就睡着了。结果在梦中,他竟然得到了解题的关键,于是醒来之后他就赶紧试着去做,果然问题迎刃而解。

这是一个真实的故事,就发生在我身边。在从事了与心理学相关的工作后,类似的经历就更多了,我对这一点越发深信不疑。据我所知,很多有经验的咨询师在工作和生活中遇到困难时,都会向自己的梦寻求答案。

为什么那些厉害的人可以向自己的梦寻求答案呢?是因为他们想做成这件事的动机足够强烈,他们对于要做的事情、要思考的问题够热爱、够真诚。

如何"控制"自己的梦,从梦中得到答案

控制梦这么直接的想法就不要有了,梦可以被日常生活中的一举一动影响,但它肯定是不能被控制的。

梦是潜意识的表达,而潜意识是我们精神活动的主体,日常生活中的想法和意志是由作为客体的意识参与完成的。客体是可以影

响主体的,所以我们要思考的是如何影响潜意识,让潜意识帮助我们发展得更好。

要想做到这一点,有一点很重要,那就是真诚和热爱。当你特别热爱某件事,或者对一个选择特别慎重,当这种心理状态特别强烈时,就会影响你的潜意识。

来访者张宏(化名)大学毕业后,父母让他接手家里的货运公司。当时货运公司运转得很好,但是他很犹豫,因为他想去大的互联网公司上班,但由于他只是一名普通大学的普通毕业生,他的这一愿望并没有达成。那段时间他很纠结,很矛盾,有一天晚上他做了一个梦,梦见自己在骑马,可是不管怎么抽打马就是不走,这时父亲过来骑上马背,轻轻拍了一下马,马就飞奔而去了。

其实在这个梦中,马象征的就是货车。这个梦表达出来的潜意识内容,就是他确实不适合接手父亲的货运公司。日常生活中,他不善言辞,有点木讷,而经营货运需要跟各种各样的人打交道。在这方面,他确实比不上父亲,而且他也意识到货运行业被大企业垄断,前景不太好。但是在白天醒着的时候,由于杂念太多,他无法进行如此清晰的判断。而潜意识不受条条框框的约束,更加敏锐,所以做的选择也会更加正确。

因此,如果潜意识能够在梦中帮你做选择,甚至为你提供答案,那你会成长和发展得更好。但这种事情往往是可遇而不可求的,需要我们抱有强烈的真诚和热情。然后,在意识活动减弱、潜意识活动加强的时候,我们的梦中就可能会出现我们想要的答案。

第 5 章

你的习惯，早已暴露了你的内心

你的饮食习惯和你的性格特点之间有什么关系

摘要　吃对每个人都至关重要，民以食为天，一个人对食物的态度，可能就是他对万物的态度，就是他的心理状况的体现。比如，一个人食谱的宽窄、吃饭的快慢，以及是不是习惯性剩饭，诸如此类的特点，背后都有深刻的心理隐喻。

与母亲的关系是一切关系的基础，一个人怎样与他人建立关系，怎样与事物建立关系，都与其在生命早期和母亲的关系有关，而母子关系的基础，建立在孩子和母亲乳房的关系上。

一个人的性格是他与人、事、物建立关系的集合体，这个集合体形成于他的生命早期，能够通过他的饮食习惯反映出来。所以通过分析一个人的饮食习惯，我们能够对他的性格特点洞察一二。

下面我们就举几个典型的饮食习惯，你可以借此觉知一下自己在这方面有什么样的心理和行为，这也是一个人认识自我、解析关系的机会。

吃饭快，或许是因为缺爱

吃饭快是一个很常见的现象，但我们今天讨论的是正常的、安全环境下的吃饭快，赶时间去上学、上班等情况下的吃饭快不在我们的讨论之列。

我们可以想象一个画面，餐桌上一个瘦弱的少年狼吞虎咽，旁边的老奶奶对他说："慢一点吃，锅里还有，这些都是你的。"那我们就可以推测，这个少年肯定是饿坏了。

从生理上来说，我们都知道吃饭快对肠胃是不好的，从意识上我们也知道要细嚼慢咽享受美食，不能像猪八戒吃人参果那样。那为什么在身体和理性都不想吃得过快的前提下，一个人还经常吃得很快呢？是因为他总是饿坏了吗？我想肯定是有更大的力量存在，那就是潜意识的力量。而潜意识中关于吃的经验就是来自襁褓中的吃奶体验，如果小婴儿经常吃不饱，或者得不到及时的喂养，那等他吃到奶的时候，就会"狂吸"。

小婴儿是无法忍受等待的，尤其是在"吃"这件事上，即使是短暂的饥饿也会让他感受到"死亡焦虑"，从而觉得自己不被喜欢、不被爱。爱是什么，爱就是被看见、被回应、被满足，而一个饥饿中的婴儿是不被看见、不被回应、不被满足的。

所以在我看来，吃饭快，或许可以反映出个体在幼年时期是缺爱的，这种匮乏感一直留在了他的潜意识里，以这种方式表现了出来。

食谱窄，或许是因为缺乏安全感

这种倾向在我们的日常生活中也很常见，有的人什么东西都吃，但有的人特别排斥那些没有吃过的东西，食谱很窄，忌口的东西特别多，从根本上说，这样的人缺乏安全感。

来访者张雪（化名）告诉咨询师，现实生活中她很是缺乏安全感，没有见过、吃过的食物，她总觉得不安全或不卫生，所有吃的东西她都会反复清洗。除此之外，她还喜欢囤积食物，每次去超市都会买很多吃的东西，但每次都吃不完，最后只好扔掉。

但她在扔这些东西的时候还有个特点，比如某种食物快过期了，她就不敢吃了，但直接扔掉又觉得太浪费，心里会不安，于是就继续放着，等到它完全坏掉了，再心安理得地扔掉。

通过上面的描述，我们可以明显看出，张雪的自我太虚弱。她认为外界的未知事物会对她造成伤害，这就是弗洛伊德所说的"死亡焦虑"。她在潜意识层面担心自己会被未知的、不安全的事物杀死。她囤积食物也是一样的道理。她自我的虚弱一部分原因可能与她和母亲的关系有关，一部分原因是她的超我太强大，道德感太强，总是攻击自己，所以她不敢扔掉快过期的东西。

碗里总是留一点，往往是不自信的表现

来访者李明（化名）告诉咨询师，他每次吃饭都会下意识地剩下一点，他说自己的这个习惯经常被家里人诟病，说他浪费粮食。他也曾有意识地控制，争取每次吃完，可是时间一长，就又恢复到了原来的样子。

咨询师问他为什么会下意识地在碗底留一点，他说只有剩下一点，才表示自己吃饱了，这叫眼见为实，即他不信任自己的感觉，他需要"眼见为实"。在现实生活中，他做事情时也会表现出这样

的心理和行为，比如每次锁门后他都会使劲拉上好几下；写自己名字的时候，他也会反复检查；与他人相处的过程中，他也容易患得患失，既不相信自己，也不相信别人，因此他也没有什么很铁的人际关系。

俗话说，"民以食为天"，古往今来，吃都是一件非常重要的事，每个人关于吃都有自己独特的习惯，你的习惯又是怎样的呢？上面的论述或许不符合你的具体行为，但你仍然可以将其作为认识自己的方法，沿着这个思路和角度去认识自我。

失眠、喜欢熬夜的心理根源

摘要 马斯洛需求层次理论将睡眠列为人类最基本的需求之一，所以本质上，"睡"和"吃"是同等重要的事情。透过一个人的"吃"，可以看清他的很多特性；同理，通过睡眠也是一样。

那些容易入睡、很少做梦的人，心理往往很健康；反之，那些容易失眠、喜欢熬夜（工作除外）以及经常做梦的人，往往心理不太健康。

熬夜是主动不睡觉，失眠是被动不睡觉，两种情况的本质是一样的，都是在拖延，都是在延长一段时间。因为他不敢结束，因为结束会唤起他内心的死亡焦虑。

失眠

容易失眠的人往往容易焦虑，并且焦虑是他们睡眠问题的根本原因。

通常情况下，焦虑性失眠可分为两种：一种是有具体事件刺激的失眠，比如，第二天有考试、面试等重要的事情，前一天晚上可能会失眠；另一种是弥散性的焦虑，即没有任何具体的刺激性事件，仅仅是近期压力比较大，也会使人容易失眠。这两种情况都可以反映出一个人自我的很多维度。

一般来说，容易失眠的人容易焦虑，而容易焦虑的人往往也容易抑郁。这样一来，他们就很难享受生活，拥有良好的人际关系。

来访者小强（化名）今年30多岁，是一名中学教师，他很容易失眠，只要学生一考试，他就会担心他们考不好，从而整宿整宿地睡不着。平时压力比较大的时候，他也会失眠。与此同时，他也很容易情绪低落，在人际关系中很敏感，就这样，他的人际关系也很不好。

小强出生在一个偏远的西北农村，家里比较贫寒，他的妈妈比较强势，控制欲很强，而他很听话，从小就特别喜欢学习。中学时有一次班里举行夏令营活动，全班只有他一个人带了很多书去，他说学习不能落下。

由于妈妈的强势和控制，他的自我几乎没有成长的机会，他头脑中的道德观念也经常对他的自我进行打击（这可以从他参加夏令营还带很多书看出来）。就这样，小强的自我发展一直停留在幼年阶段。由于他的自我是虚弱的，所以他没有安全感，也更容易体验到焦虑。在焦虑的裹挟下，他不敢睡着，表现出的就是失眠。

所以说，一个容易焦虑、抑郁的人往往也容易失眠。那为什么他不敢睡着呢？这就是我们接下来要谈的死亡焦虑，按照精神分析的观点，虚弱的自我惧怕压力会"杀死"自己，所以不敢睡去，它要盯着压力，和压力对抗。

拖延和主动性熬夜

尽管拖延不是一个好习惯，但却是我们努力做自己的表现，因为很多时候拖延是不能按照自己的意愿存在的结果，这本质上是潜意识的一种反抗。

比如老师、父母、老板给你布置的任务，你不喜欢，也不想做，因此就拖着。从这个角度看，拖延就是在延长按照自己的意志存在的那段时间。

拖延是在延长做自己的时间，熬夜、不肯睡去也是在延长自己可以掌控的时间。延长的原因就是惧怕在下一个节点，未知会"杀死"自我，因为自我是如此弱小。这就是心理学上的"死亡焦虑"。

在此，我想对这个话题进行一些延伸：为什么有的人会那么害怕死亡？

据我观察，喜欢熬夜、容易失眠的人往往在白天活得不够真实，做的事情可能并不是自己想做的。也就是说，白天的时间不是自己的，所以他们不想结束这一天，而是想在一天结束之前，做些自己想做的事情，拥有一段属于自己的时间。

那么害怕死亡的人呢？

我想，如果一个人一生都没有按照自己想要的方式活过，每天都行尸走肉，那么他也是没有勇气结束这一生的。临终那天，他肯定会很害怕，或者会抱有很多遗憾。

所以请看见自己、活出自己，因为世上只有一个你！

为什么有的人喜欢在朋友圈刷屏

摘要 | 一切行为问题本质上都是关系问题。如果说太喜欢发朋友圈是一种行为问题的话，那么它也反映了一个人的关系问题。这个问题可以追溯到他和父母的关系中，也反映在他现在的人际关系中。

经常发朋友圈可分为两种情况：一种是把朋友圈当母亲，事无巨细地分享（暴露）自己的情绪和生活，想和"母亲"共生、融合；另一种是把朋友圈看作一个强大的超我，把朋友圈当父亲，让"父亲"来监督、评价自己。

我国心理学家曾奇峰认为，所谓人格健康，就是有清晰的自我边界，同时尊重他人的边界。而在公共平台，例如朋友圈，暴露太多的个人情绪和生活，可能就是一种边界不清、心理不健康的表现。

接下来，我将结合我自身的一些经历和思考，论述一下这个观点。

共生心理：希望和别人共生在一起

"一个人时我经常感到很孤独、很空虚、很焦虑，我必须和别人在一起。"

这是一个来访者对咨询师说的一句话。这个来访者是一个30多岁的成年人，他每天最喜欢做的一件事就是发朋友圈，那他为什么会有这样的心理和行为呢？

按照精神分析心理学的解释，这是因为他在很小的时候，没有完成和母亲的共生。我们在前面的章节中提到过，六个月前的婴儿是和母亲共生在一起的，即这个阶段的婴儿会感觉自己和母亲是一体的，自己的念头会被母亲完美地实现。

婴儿的这种认知并不难理解，因为这一时期，母亲会特别关注孩子。孩子是不是饿了，是不是需要换尿布，是不是需要翻身，等等，母亲会第一时间觉察到。母亲这样的举动会让孩子觉得：我和母亲是一体的，我不用表达，母亲就会知道我想要什么。

但随着渐渐长大，孩子会逐渐意识到母亲并不总能实现自己的意愿，并且也不再把所有精力都放在自己身上，不再天天守着自己。就这样，与共生对应的分化就产生了。这是一个正常、健康的心理发展过程，也是一个人的成长过程。

而如果一个人在六个月前没有与谁建立这种共生关系，比如，某来访者的母亲患有抑郁症，每天都陷在自己的情绪里，所以他在成长过程中没有完成和母亲的共生，于是他就一直渴望能有一个人和他共生，这种心理上的匮乏感一直影响着他。在建立关系时，他会无限靠近别人，也希望别人能无限靠近他的生活。比如，他特别喜欢发朋友圈，也喜欢给别人评论点赞，这其实就是这种心理的外化。

当他独处、没有人回应他的时候，他就会感到异常的孤独和焦虑。这种焦虑就是婴儿最初的死亡焦虑，就如同没有母亲的及时回应，婴儿就会有死亡般的恐惧。成年人的这种心理就是婴儿时期因母亲缺乏回应而产生的心理的延续。

如果一个人总是在朋友圈暴露自己的情绪和生活，那他潜意识里就是想让别人靠近自己，以实现和他人的共生，从而弥补自己的匮乏心理。这是他幼年时期没有完成的心理发展过程。

权威监督心理：希望得到别人的认可

一个人的内心很自卑，缺乏自我认同，总想让别人认可自己，这种心理也很常见。这一点其实也可以追溯到他和父母的关系，特别是他和父亲的关系。父母，特别是父亲往往是孩子眼中的权威。在孩子还小的时候，父亲对他的认可和无条件关注，会成为其日后自信与自我认同的基础。

来访者周林（化名），在他很小的时候，他的父亲对他异常严厉，几乎从来不允许他出去玩，即使是放假了也要求他在家里写作业。严厉、苛刻的父亲导致他从小就很缺乏自我认同，做任何事情总想得到别人的关注，被别人认可。

他特别喜欢在朋友圈发一些跟自己工作有关的内容，以及获得的成绩、荣誉等，然后坐等别人的点赞和评论。其实在他的潜意识里，外界就像父亲一样，是权威，外界对自己的评价特别重要。他自己是谁，是什么样的人，并不由他自己说了算；相反，他需要通过外界的反馈去看见自己究竟是个什么样的人。

由于在现实生活中社交不多，因此他所需要的外界反馈基本上只能通过朋友圈实现。如果得不到反馈（朋友圈无人回应），他就会失去自我，这让他十分焦虑。

总之，我们可以看出，那些特别喜欢发朋友圈的人，自我是不成熟的（当然出于工作需要而发朋友圈的情况不在我们的讨论之列）。而自我成长是很难通过手机、朋友圈实现的，自我成长的唯一有效途径就是通过关系，而且是现实中的关系。

购物习惯可以反映一个人的性格

摘要 | 一个人对人类基本需求的态度和习惯，往往会暴露他的内心。古时候人们需要狩猎，现在需要工作，而且工作本身并不能直接满足吃喝等基本需求，我们还需要外出采购。因此，一个人购物时体现出来的态度、特点就能够反映出他的内心。

有的人喜欢买吃的，有的人喜欢买穿的；有的人恋旧，有的人喜新；有的人喜欢"断舍离"，有的人喜欢囤积东西……不同的行为习惯反映出来的是不同的自我，

第 5 章　你的习惯，早已暴露了你的内心

不同的自我就会构建出不同的人际关系。

没有安全感的人，总是喜欢囤积食物

安全感的原型一定是和吃、喝、睡眠、温暖等基本需求联系在一起的。我们在本书一开始就详细论述了一个人和母亲的关系是如何影响他的人生的，其中就提到了安全感，提到了母亲及时满足婴儿的饮食和睡眠等需求的重要性。

来访者李力（化名）性格内向，经常抑郁和焦虑，而且特别喜欢囤积食物，经常感觉很饿。他一去超市就会买很多吃的东西囤在家里，他说只有这样心里才踏实。如果一打开冰箱，发现里面没有多少东西，他就会开始焦虑。即使理性上他知道，用不着囤积食物，小区门口就有超市，但每次购物他还是会买很多东西。他的爱人为此经常抱怨，说吃的菜不新鲜，有时还要丢掉，纯粹是浪费。

他的这种习惯与他的成长经历有关。据他说，他很小的时候就断奶了，因为母亲在生下他后很快又怀上了弟弟，而且由于家里比较穷，给他喝的奶粉也掺杂了炒熟的面粉，所以他特别容易饿。再加上他母亲有点抑郁质，经常情绪低落，容易焦虑，所有这些都影响到了他的成长。很明显，他"继承"了母亲的一些性格特质，再加上糟糕的喂养经历，导致他对于吃的东西特别在意，特别怕自己挨饿。

所以那些喜欢囤积食物的人的潜意识里存储着一些"饥饿感"，他们必须感觉到自己拥有足够多的食物才能有安全感。

自我虚弱的人，总是不知道买哪个好

不知道你有没有见过这样一种人，他们买东西时总是选择困难，不知道该买哪一个。通常而言，这样的人的自我是虚弱的，这导致他们没有办法干脆利落地做决定，即使做了决定，也容易后悔。这一点在他们购物时体现得淋漓尽致。我有个朋友就是这样的。她每次购物都会花费很长时间进行各种对比，品牌、生产地、生产日期等信息，她都会一一查看。

对于她这样的性格特点，我们也可以合理化地解释为她心细、注重细节，这是优点。如果她的内心没有矛盾，这样的解释也未尝不可，而她自己内心对此却是苦恼的。说到底，她这样做还是源于没有安全感。

一种行为习惯好不好，最终还是要看当事人的内心感受。就像我这位朋友，她的这种习惯很多时候会让她感到苦恼，也影响了她的生活。这时就需要去觉知行为背后的心理反应。

边界不清的人，总是舍不得扔东西

心理边界也与一个人的自我有关，自我强大的人的心理边界会很清晰，不会轻易被外界的人和事影响。这样的人能为自己做决定，懂得拒绝别人，也不容易伤感。

而一个舍不得扔东西的人，往往把自己的感受投射到了这些东西之上，这在心理学上属于一种情感"外溢"，也是一种边界不清的表现。

第5章 你的习惯，早已暴露了你的内心

如果这种反应的程度适当，会让我们变得有温度，但如果过于极端就成了问题。比如有的人什么旧物件都舍不得扔，几十年的旧家具、报纸、明信片等物件都舍不得扔，总觉得还有用。其中最常见的原因就是觉得这些东西都与自己有关，承载着自己的回忆和感情，尤其是当这些回忆和感情已不复存在时。所以这样的人通常都比较孤独，人际关系不是很和谐。

还有一种状况，就是他们觉得扔东西是一种浪费。有一个来访者告诉咨询师，他一扔旧东西，内心就会有一个声音跳出来指责他不懂珍惜，说"浪费可耻"。通常而言，这个声音就来自他的"内在父母"。

这样的人通常道德感比较强，也因此更容易有压力，更容易情绪低落，从而影响他们的人际关系，导致别人不愿意和他们相处，毕竟人都想活得轻松、愉快一些。

出门习惯如何暴露一个人的性格

摘要 | 我们每一次出门，都意味着要从一个自己熟悉的、可控的空间走出去，所以这是一个很好的洞察人心的途径。比如，有的人不喜欢出门，因为出门之后会感觉到失控，会不舒服，这本质上是缺乏安全感。

有的人出门前会反复照镜子，这不一定是自恋，也可能是自卑。其实自卑和自恋背后的动力是一样的，都是过度关注自己。而过度关注自己的人，人际关系往往

不会太好。

有的人出门时特别喜欢磨蹭,甚至导致上学、上班习惯性地迟到。相应地,还有些人出门的时候特别积极,上学、上班时习惯性地早到。所有这些行为都会反映他们的性格特点。

日常生活中,每个人都会出门办事,或是上学、上班,或者吃饭、购物,那你有没有观察过周围人的出门习惯,或者你自己的出门习惯呢?你是喜欢出门,还是不喜欢出门,就喜欢宅在家里呢?接下来,我们用心理学的视角来分析一下这些行为,看看你的出门习惯是怎样暴露你的性格特点及人际关系的。

不喜欢出门,就喜欢宅在家里

宅在自己家里,这没有什么不对,我也不打算做道德层面的评价,就是单纯地进行心理学视角的分析,毕竟我们每个人都希望听到不同的声音,让自我变得更丰富和立体。

太宅的人的自我大多是虚弱的,宅是一种自我保护的方式。对一个比较宅的人而言,待在自己的空间里是最舒服的,这个空间也许是自己的卧室,也许是自己一个人住的房子。在这里不用考虑别人,自己想干什么就干什么,确实很好。我们也可以反过来试想一下,如果自己出门进入另一个空间,会有什么样的感受呢?我们来看一个来访者的故事。

来访者李俊(化名)在一家互联网公司做运营工作,他性格内向,不喜欢社交,特别宅,与此同时,他还经常情绪低落,容易焦虑。他告诉咨询师，他之所以不爱出门，是因为出门让他感觉各种不舒服。

因为出门对他来说，不仅要顾及自己的形象，还要在意别人的感受，所有这些都让他很累。但是当他独处的时候，也会出现问题，由于感到孤独、无意义和焦虑，他经常靠刷短视频和玩游戏来度日，但之后又会后悔、自责，觉得自己浪费了时间，并为自己的前途感到担忧。

那为什么他要回避社交呢？这是因为在他的经验里，自己在关系中是不舒服的。而要改变这种经验，就必须让他产生新的经验，用新的经验替代旧的经验，即建立一段在其中感到舒适的关系。

出门前反复照镜子

有的人特别喜欢在出门前照镜子，我们可能会觉得他太自恋了，但这也可能是自卑的表现。不管是自恋还是自卑都是有问题的，都是过度关注自己的表现。自恋的人认为自己站在舞台中央，所有的聚光灯都打在自己身上；而自卑的人也认为自己的一举一动都会被别人注意到。他们都特别在意自己在别人眼里的样子，在意别人对自己的评价，他们的自我都是虚弱的，都是围绕别人建立的。

出门太早或者太迟

太宅的人通常是能不出门就不出门，但有些情况下是不得不出门的。比如去参加会议，去上学、上班等，不过他们也有办法应对，这个办法就是拖延。

当我们不想做某件事时，我们通常采用的方法就是拖延。我们之前提到的熬夜、失眠其实也是因为不愿意睡着、不愿意结束这一天而采取的策略。出门太迟、出门时磨磨蹭蹭甚至迟到也是如此，都是延长一段时间的做法，并且这种做法是由潜意识指引的，你并没有意识到自己是故意为之的。

例如，有一个读者给我留言，说他的弟弟不喜欢社交，但是他们的父亲规定，不管到什么时候，只要大家在同一座城市，每个周末家里人都必须聚一次餐。然而，每次聚餐他弟弟都会因堵车而迟到。据他说，他弟弟很老实，确实不是故意迟到的，只是不知道为什么每次都这么"倒霉"。

在这个案例中，他弟弟可能自己都没有意识到自己在用这样的方式来拒绝出门、拒绝社交。当他意识到自己的这种心理后，这个问题就可能会得到解决。

除了出门拖拉，还有一些人出门很积极。绝大多数这样的人性格都很积极、阳光，并且愿意敞开自己。但如果在上学、开会、参加聚会等事情上，一个人总是出门很早，习惯性地很早就到，实际上也是有问题的。

通常这样的人会表现得过于顺从，惧怕权威，价值感比较低。例如有一个来访者，她是一名大学生，同宿舍的同学每次上课都是"踩点"进教室，而她每堂课都会提前半个小时甚至更早就到，因为她觉得要给老师留下一个好印象。

生活中她是一个很喜欢顺从别人的人，几乎从来没有和他人起过冲突。在父母眼里她也是一个很听话的孩子，但她告诉我，她其实很害怕自己的父亲。她性格内向，还有点自卑，这对她的自我发展和人际关系影响都非常大。

在她眼里，老师也是权威人物，她对老师的态度与对父亲的态度是一样的，并且对老师的态度就源于当初对父亲的态度。

以上就是我们从一个人的出门习惯分析出来的关于他的心理面貌和性格特点。生活中，我们之所以意识不到这些行为背后的心理动因，是因为它们经常发生在我们的潜意识层面。而潜意识的内容，只要我们意识到了，它们的影响就会减弱乃至消失。

你说话的习惯，可能会暴露你的内心及人际关系

| 摘要 | 每个人都有自己独特的说话方式，这些方式会有意无意地暴露你自己的内心世界，比如你的口头禅、你说话的姿势、语速及语调。

有的人说话很有力量，有的人说话总是断断续续；有的人说话总是模棱两可，有的人说话却干脆利落；有的人直接，有的人含蓄……这背后是不同的心理状态，也反映着当事人的人际关系特点。

人际关系的好坏，往往与一个人的心理健康程度直接相关。只要活出真实的自己，就能收获良好的人际关系，这并不需要什么独特的技能。

说话方式会累积成一个人说话的习惯，习惯又会成为性格。而性格对一个人的影响，不用多说，我们都很清楚。

口头禅，会暴露内心的自卑

每个人都有一些随口就来、经常会说的话，我们称之为口头禅。这些话我们基本上不假思索，正因如此，它们更能反映我们潜意识的内容。

我们日常生活中的很多心理和行为都是受潜意识支配的，但潜意识会对这些心理和行为进行一些掩饰性的改变。而当我们说口头禅的时候，由于不假思索，这种掩饰性就相对较弱，这就为我们的分析提供了方便。

比如一个自我虚弱、内心自卑的人，可能经常会说"怎么办"或"我也不知道"，或者"随便，都可以"。说这类话的人有一个共同点，即缺乏自我选择、自我负责的能力。所以在与他人的关系中，他总想把这些问题"外包"出去，总想让别人选择，让别人负责。

因为潜意识里，他的自我太虚弱，承担不了任何不好的结果，这与他在现实中的处境没有关系，潜意识的反应源于他过往的经历，特别是小时候的经历。

语速太快，会隔离情感

饭要一口一口地吃，话也要一句一句地说，可是有的人说话就是很快、很急，这背后也是有心理原因的。

性格特征往往是一个人的自我保护策略,是一种自我防御方式,语速快也是如此。我们都有过这样的经历,即紧张的时候,语速就会加快。记得上学时,我参加了学校举办的演讲比赛,自以为准备得已经很充分了,可是上台之后就开始紧张,越说越快,以至于评委都没有听明白我演讲的内容。

在现实生活中,这样的例子很常见。当紧张、说谎、逃避内心感受的时候,我们都会加快语速,那么这些行为到底是在防御什么呢?答案是在隔离自己的情感。紧张是一种情绪,传达出的是虚弱、无力,这会显得自己"不行",进而使自己产生羞耻感,所以我们要快速说话,避免被发现紧张。

比如,因为说谎是可耻的——我们从小就被这样教育,所以快些说完,避免内心体验到内疚和不安。这就是在隔离自己的情感,让说出去的话变得干巴巴的,不掺入自己的情绪情感,以免暴露自己的内心。相反,当你说话慢、绘声绘色地描述细节的时候,你的情绪、情感必然会渗透其中。

说话时的其他表现分析

有的人说话铿锵有力,有的人说话有气无力;有的人说话时会与对方进行眼神交流,有的人说话时目光躲闪……这背后的心理反应都不同。

一个说话无力的人,内心必定也是没有力量的,他害怕自己说的话会引起不必要的麻烦,给自己、给关系带来伤害。例如我的一个朋友说话时,声音总是颤颤巍巍,说出的话里总是带有很多"也许""可能"等字样。即使只是简单的交谈（不是什么科学报告），他也总是很难直截了当，这说明他对关系总是很小心的。当一个人在关系中总是有意识地小心翼翼时，关系就会损耗他；短时间内，他可以有意识地这样做，但时间一长，他就会下意识地回避所有关系。

除此之外，还有的人所说的话里总是带有很多的"我"——"我怎么样""我不认为""我不同意"，同时说话时总是要在气势上盖过别人。这样的人可能比较自恋，总想高人一头，这其实非常不利于他的人际交往。

有拖延习惯的人不好相处

摘要 拖延就是一种暗自反抗，这里的反抗对象可以是某个人，也可以是某件事。对于这个人或这件事，"我"表面上不能反对你，但是"我"心不甘、情不愿，于是在潜意识的指引下，就以拖延的形式表达不满。

拖延在心理学上是一种被动攻击，看似没有主动伤害谁，但是在关系里，它会对关系以及关系中的人造成影响，导致关系疏远，甚至破裂。

喜欢拖延的人，通常都有一定程度的自卑心理，自我也较虚弱。他不敢正面表达自己真实的想法，不敢直接表达拒绝。

喜欢拖延的人，会沟通不畅

这本书的主旨是在关系中活出自己。这句话有两个关键词：一个是"自己"，一个是"关系"。自己是最重要的，这一点我承认，我也鼓励大家做自己。但是我们只有在关系中才能做自己，而不是在想象的世界里做自己。

在关系中做自己，就需要与关系中的他人沟通，要表达自己真实的想法。但是喜欢拖延的人往往会压抑自己，这往往会导致沟通不畅。下面我们举个现实中的例子。

有一次，我让一个同事帮我整理一份会议材料，我一周之后要用。当时他勉强答应了，可是当我要用的时候，他却说还没有整理完，很显然他采取的策略就是拖延。也许他一开始就不想答应我的请求，但是碍于情面又不好拒绝，所以下意识地这样来应对。他的拖延行为让我很不满，间接地伤害了我，伤害了我们之间的关系。倘若他一开始就说"我现在手头有很多工作"或者"我有自己的事情要忙，很抱歉不能帮你"，那我肯定会欣然接受，并想其他方法来解决这个问题。

所以，一些人的拖延可能是在拐弯抹角地暗示、表达自己的真实想法。如果是在一家效率很高的公司，这就是一种典型的非适应性行为。即使是在平时的人际交往中，我们也希望对方能坦荡、直接地表达自己的想法，这样的沟通是高效的，可以促进关系的发展。

喜欢拖延的人，会被动攻击

很多喜欢拖延的人，不会直接表达自己的想法和情绪。来访者王强（化名）告诉咨询师，在他和妻子的关系中，他妻子就是一个喜欢拖延的人。

他平时工作比较忙，而他妻子是一个家庭主妇。他有时很晚才下班回家，这让他妻子很生气，但她并不直接说出来，而是在他交代的事情上拖延，比如拖着不把他的电脑拿去修。王强问她为什么，她就说事情太多没顾上。尽管王强很生气，但也没法发火，因为妻子做出的解释看起来总是那么合理。

回过头来看，我们会发现，他妻子就是在用被动攻击来表达对王强经常晚归的不满。这让王强很生气，但又无可奈何。

这样的行为在爱人之间会发生，在普通的人际关系中也会发生，特别是在职场中。比如，有的员工对上司交代的事情拖延、遗忘，也是这种心理在起作用。

喜欢拖延的人，可能是完美主义者

有些完美主义者也喜欢拖延，这不难理解。但是通常而言，与完美主义者相处是很累的，他们的焦虑会传递给你。

有些人之所以追求完美，可能是因为小时候缺乏无条件的爱与关注，他们的安全感是建立在"我必须要做到 100 分"的基础之上的。因此，一旦他们做不到，他们就会拖着不做，而且会焦虑。

完美主义者不仅做事情时如此，与人交往时也会有这样的期待。他们希望一切都很完美，希望自己结交的朋友都非常"高尚"，没有负面情绪和欲望。如果对方达不到这样的标准，他们就会采取拖延或者被动攻击的方式。所以与一个完美主义者共事或交往是一件很累的事情，他们就像在走钢丝一样，时刻都很焦虑，与他们同行你也很难放松。

这三种心理和行为都会损耗人际关系，降低做事情的效率；更重要的是，会阻碍我们在关系中活出自己。通过我们的分析，你可能已经意识到了拖延的真正逻辑，这就是一个好的开始，在此之上，如果你能在关系中勇敢地表达自己，积极地应对各种人和事，这种拖延行为就会逐渐减少甚至消失。

如何与有洁癖的人相处

洁癖从来都不是一个简单的卫生习惯问题，而是一个性格问题，是一个人对自我的感知问题。我们之前提到过，性格就是一个人自我防御的集合体，是他对自己的一种保护。

这一节我们要讨论的问题是，如果我们自身是这样的人，我们该如何实现自我发展；如果我们身边有这样的人，我们又该如何与他们相处。

什么是洁癖，洁癖与自卑心理的关系

洁癖就是过分要求洁净，强迫自己和别人多次检查、反复洗涤，这样的心理和行为会阻碍自我的发展，也会影响个体的人际关系。

内心强大的个体,在多数环境下都是放松的,都是敞开的;而一个自我虚弱的人却往往会特别在意自己所处的环境是否洁净,是否会威胁到自己的健康。这是从精神分析角度,即潜意识角度进行的分析。也就是说,在潜意识里,你感到自我是虚弱的,你的内心很自卑,你认为外界环境是不干净的,会让你体验到"死亡焦虑"。

来访者刘润(化名)告诉咨询师,每当客人走后,他都会用酒精把客人坐过的地方消毒,并用抹布擦拭好几遍。他总觉得会有看不见的细菌残留,会危害自己的健康。

如果不这样做,他就会耿耿于怀,坐立不安;在生活的其他方面,他的要求也特别多,比如他不会去吃街边摊,去外面吃饭必须要用一次性餐具,等等。

种种迹象都说明,他感知到了自我的虚弱,所以额外注意保护自己。但是承认虚弱和自卑,会让一个人感到羞耻,所以他们通常的做法就是将这种行为合理化,认为这是自己讲究卫生。

与有洁癖之人的相处

有洁癖的人通常不好相处,这主要有以下两方面原因。

其一,一个有洁癖的人,会在衣食住行等个人习惯上比较苛刻,别人很难达到他们的"标准"或者满足他们的期待。

有个朋友跟我说,他刚工作的时候与一位同事合租一套房子,这位同事就有洁癖。他要求我朋友进门换下的鞋要消毒,外套也要挂到阳台通风，拖地必须要拖三遍以上。而且他自己从来不吃没有包装袋的食物，还总是洗手，还要求别人也要像他一样。一段时间之后，我朋友崩溃了，他觉得自己活成了一个"装在套子里的人"，于是果断地搬了出来。这个例子很好地说明了与有洁癖之人相处会是怎样的一种体验。

其二，我们通常以为洁癖只限于卫生方面，其实不然，洁癖还会表现在道德层面，这其实是心理问题的一种泛化。在道德层面，洁癖表现为道德要求较高，这些人有一套独特的交友规则，而且执行得很刻板。

来访者王安（化名）在生活中就有洁癖，在人际关系上，他对别人的要求也特别多，所以几乎没有什么朋友。他认为要想做他的朋友，这个人的道德水平就要很高，不能自私、不能贪图钱财。如果他发现自己的朋友有一点点不符合这样的标准，他就会和对方断绝关系。

这样刻板的规则和标准使他和别人隔离开来：他觉得别人不理解他、不懂他；别人觉得他不好相处，因此远离他。

很显然，他的性格是生硬和僵化的，他的高要求也是他进行自我防御的一种方式。而一个心理健康的人往往是灵活的，不以非黑即白的眼光看待他人，这也会让别人感到轻松，从而愿意与他交往。

有洁癖的人该如何自我发展，如何改变

最好的方法还是寻求心理咨询师的帮助，因为这是一个比较困

难的问题，需要接受系统的心理咨询，但是在这之前，你需要意识到、觉察到这个问题，然后有意识地对自己进行行为训练，不刻意要求自己和别人。比如在卫生方面，有意识地控制自己少洗手，少一些对环境卫生的苛刻；在人际方面，主动地表达自己，而不是总希望他人读懂你，也不要对他人进行非好即坏的极端划分，不要对别人要求太多，和各种人都友好相处。

久而久之，你的自我就会变得强大起来，所谓的洁癖也会减弱乃至消失，人际关系也会越来越好。

第 6 章

自卑的人,往往不愿
正视人生的真相

第6章 自卑的人，往往不愿正视人生的真相

容易导致自卑心理的三种童年经历

摘要 | 一个人自恋，折磨的是别人；但一个人自卑，折磨的可就是自己。这种折磨表现为：做事畏首畏尾，容易自责，自我贬低，总是讨好他人，容易抑郁和焦虑，破坏人际关系等。而且，心理学家发现，适当的自恋能提升一个人的幸福感，而自卑则不然。

看见自己的自卑，列出自己的问题行为，自我理解，自我接受。人之所以痛苦，就在于不接受、不承认一些事实。

童年时期的经历对一个人的性格形成和心理特点会产生重大影响，甚至会影响到他成年后的种种感受和行为。

这一章我们将对自卑这一常见的心理进行分析，首先我们来看看有哪些经历会导致我们产生自卑心理。

身体虐待经历

身体虐待，如家长、老师等成年人的打骂最容易给孩子留下记忆，并且无论是家长还是老师，打孩子的一个最常见的理由就是让孩子"长记性"。但是孩子在受到攻击的同时，也会产生一系列心理反应——他们在"长记性"的同时，也记住了伤害。他们会感受到自己的弱小，感受到负面情绪，如愤怒、紧张等，这些反应和连

带的情绪会融入他们的潜意识，在成年之后影响其感受和行为，例如使其容易感到被侵犯或者容易攻击他人。

此外，经常目睹暴力行为也会给孩子带来伤害。这其中有两个原因：一是恐吓产生的情绪记忆会在大脑皮层相关区域留下痕迹；二是孩子接收到了一种消极的解决问题的经验，容易使其长大后也使用暴力来解决问题。

并且在现代社会，对孩子进行身体伤害是违法的，父母不能这样做，其他人更不能。当然，如果父母不这样做，孩子就会知道，没有人可以对自己进行身体伤害。

言语虐待经历

应该说，在亲子关系中，言语虐待要比身体虐待更常见。我们经常会看到、听到父母骂孩子或者贬低、指责、威胁孩子："你怎么这么笨，笨死了""你怎么这么蠢，蠢得跟猪一样"或者"你再不听话，我就把你丢到垃圾堆里"。诸如此类的话，我相信大家都不陌生，很多被言语虐待过的孩子，在为人父母之后也会如此对待自己的孩子，就这样一代代地传递下去。

那我们有没有想过，这些言语会给孩子造成多大的伤害。孩子不同于成年人，成年人有成熟的心理防御体系，能够对各种"指控"进行分辨、反驳甚至合理化，可是孩子不会，他们只会把父母、老师所做的评价当成事实。

父母、老师是孩子心目中的权威，他们对孩子的评价和判断，会被孩子无条件地信任和接受，包括那些贬低、威胁和指责。

大人们以为，对于那些气头上的狠话，等孩子大一些他们就能辨别出真假。但现实是，等他们长大后，那些狠话造成的影响已经深入他们的潜意识。即使理性上他们知道父母、老师那样做是为自己好，也无济于事。

被忽视的经历

人是情绪性动物，早期的情感体验会决定我们一生的情绪底色。我们如何与他人建立关系——不管是亲情、友情还是爱情，都与我们童年时期的情感体验密不可分。如果父母、老师以一种冷漠的方式对待孩子，忽视孩子的各种需求，也会使他们觉得自己不重要、不被爱，进而认为自己不够好，产生自卑心理。

此外，自卑的人还会因为自己的自卑而产生羞耻感，即因自卑而自卑，极力防御自己的自卑。

对此，正确的做法是看见自己的自卑，列出自己的问题行为，自我理解，自我接受。人之所以痛苦，就在于不接受、不承认一些事实。在此基础上，你要理解自己的自卑，因为错不在你，但这也不是说要回过头去责怪父母，那样只会使你陷入另一个困境，白白耗费自己的时间和精力。

我们要做的是看见事实，看见问题的本质；成年之后，我们需要为自己负责。这样问题才不会轮回，才不会无休无止。看见之后，自我接纳，自我关爱，自我鼓励，去建立新的经验。你之所以自卑，之所以痛苦，就是因为你在使用以前的旧经验，如小时候的经验来应对当下的问题，可事实是你已经长大了，已经不再弱小了。

人是经验的产物,所以你可以试着假装很自信,以自信的方式去行事,一次、两次、三次,久而久之,新的经验就形成了。而新的经验会促使你以真正自信的方式去做事,去感受。

自控力与自卑的关系

摘要 | 自控力就是对自我的掌控力,自我虚弱的人,内心往往是自卑的,缺乏坚韧性。因此,他对于等待是没有信心的,就像一个嗷嗷待哺的婴儿,他需要及时满足。

自我越是强大、坚韧的人,自控力就越强,因为他相信自己经过时间上的等待、空间上的积累,最终一定会达成目的。这样的人相信未来,不满足于现在,不寻求即刻的满足。

增强自控力就是创造新经验,就需要去做事,去建立关系。可以先有始有终地做一些简单的、力所能及的事情,并建立一段真实的关系。

"自控力"一词我们并不陌生,作为一名心理咨询师,我见过太多的人没有自控力,但是殊不知,这是一个深层次的问题。问题行为背后都有问题心理,我们要先对其进行识别,才能产生改变。

没有自控力和你与母亲的关系有关

在我看来,没有自控力的人和嗷嗷待哺的婴儿很像,他们寻求的是及时满足。这并不是他们的错,这种行为的背后是他们因需求没有被满足而产生的匮乏感。

来访者马晓(化名)内心软弱,骨子里很自卑,经常压抑自己,从来不敢与他人发生争执,尤其缺乏自控力。我们在本书第一节就详细论述了一个人和母亲的关系,会成为他日后与其他人和事建立关系的基础,本节我们依然沿袭这个观点。

追溯不是为了归罪,而是为了找原因,找到行为背后的心理学逻辑。马晓没有自控力,这是他和事物之间的关系。他不相信经过等待和努力,自己会获得想要的结果,这样的感受和经验就来自他和母亲的关系。

据马晓回忆,他的母亲有抑郁倾向,缺乏安全感,因此自顾尚且不暇,很难全身心地关注他。很多时候他饿了,他母亲都不能及时回应。需求总是不被满足,情感也总是得不到回应,所有这些导致马晓没有自信,总是在寻找即时的满足,他也因此不相信等待。

对等待、对延迟满足的信心就如同小孩子对妈妈的信心——由于相信妈妈会来,因此会对等待充满信心,而来访者马晓没有生成这份信心。

手机成瘾也是一种没有自控力的表现

在现代生活中,没有自控力的人很容易对电子产品上瘾,比如手机，这是为什么呢？除了智能手机自身的吸引力外，这还与个体的性格特点、内心变化有关。

上述案例中的来访者马晓就特别喜欢玩手机，据他说，自己沉迷于手机主要有以下两个原因：首先，手机给了他掌控感，而对于这种感觉，他很难在其他情景中获得，比如在工作时，他就很难有这样的体验；其次，手机能给他带来及时的反馈、回应，这对他来说很重要。通常特别痴迷于手机的人，人际关系往往不好，这主要是因为他们年幼的时候，在和母亲的关系里，在原生家庭里总是不被回应。

来访者马晓的生理需求经常被母亲忽视，这样的感觉在进入他的潜意识后，导致他对人际关系没有信心，但他的内心始终有一种渴望，希望被看见、被回应。而手机，不管是社交软件还是游戏，都能及时地给予他回应，这在某种程度上能满足他的这种需求。

除此之外，还有一个原因是马晓意识不到的。现代神经科学认为，一个人之所以手机成瘾，无法控制自己，是因为玩手机可以让大脑分泌多巴胺，使他低落的情绪变得高涨。

以上就是关于自控力不足的心理分析，那怎样才能改变这一点呢？对此，我有以下建议。

> 看见即疗愈。我们追根溯源的心理分析、咨询师对马晓进行的母婴关系、原生家庭关系的分析，并不是为了怪罪其父母，而是为了找到这种心理和行为的根源。因为看见即疗愈，觉知本身就是一种力量，能够松动固化下来的自我，这是我们贯穿整本书的思想。

做事情时没有自控力，总是虎头蛇尾，是因为自我的经验里很少有完整做的事情。意识到这一点，接下来就需要完整地做事情，不要渴求完美，完成胜过完美。同时照顾好自己，好好吃饭，好好睡觉，以此弥补年幼时的匮乏。

去建立关系，而不是停留在自己想象的世界。强迫自己走近他人，去表达爱恨，去和别人竞争和合作。哪怕是失败，对自我的发展也会有巨大的好处。以这样的方式活出自己，自我就会强大起来，强大的自我不会没有自控力。

度量小的人，总喜欢做这两件事

摘要 度量在心理学上指的是一个人的心理容纳度。度量小的人，容不下别人的不同意见，更容不下别人的不同情绪，为此他会有一系列心理和行为反应，在理性和情绪上防御别人。

能不能容得下别人，归根结底是能不能容得下自己。一般来说，小时候缺爱，或者被严苛要求、挑剔对待的人，长大后就会变得度量狭小。

父母容得下孩子，相当于做了孩子的容器，最终孩子会把这个容器内化为自己的一部分，做自己的父母，做自己的容器。他就不会苛求自己，也不会情绪崩溃。

性格就是一个人的防御，是他对自己的一种保护，度量小也属于一个人的性格范畴。度量小的人，归根结底是自我太虚弱，所以他需要保护，需要防御。

度量小的人经常喜欢做这两件事。

反驳别人

这类人经常反驳别人，以此证明"我是对的，你是错的"，进而确认自己的存在。生活中，我们经常会遇到这类人，他们无时无刻不在反驳别人，容不得别人的任何不同意见。

无论他们是我们的同事、上司还是爱人，都会让我们的日子不好过，那么为什么这些人这么爱反驳别人呢？

从以往的案例来看，喜欢反驳别人的人，小时候大多没有得到父母足够的爱，他们得到的爱可能都是有条件的，比如必须考出好成绩，必须把房间收拾干净，必须做得比别人好，等等。于是这种追求就成了他们的一种执念：我必须比你好。而反驳你，证明你是错的，就能证明我是对的，我是好的。

容易生气、愤怒

如果说反驳别人是一种理性上的防御，那么容易动怒就是情绪上的防御。前者是跟你讲道理（不管有没有理），而后者是动不动就生气发火。特别是在比较亲密的关系里，这一点会表现得更加明显。比如在情感关系中，一方动不动就生气，动不动就不高兴，就属于这种情况。

如果这两个人正处在热恋期，我们可能会觉得这样做很正常，甚至很浪漫，但如果这个人本身性格就是如此，那么双方关系的发展就会遇到困难。

而一个人之所以生气、愤怒，从根本上说是因为他人没有按照他的想法来行事，这说明两个问题：其一，"你"不了解"我"；其二，"你"了解"我"，但故意不满足"我"。

对于一个自我虚弱的人而言，好的关系、亲密的关系必须是具有融合性的，是不分你我的，自己能够在其中得到婴儿般的对待。

如果母亲不理解婴儿，婴儿就会生气、愤怒，而理解却故意不满足会让婴儿更加生气。对于婴儿来说，如果母亲这样对待自己，那她就不是一个好母亲，就可能会伤害自己，于是他就会产生恐惧。事实上，一切负面情绪的底色都是恐惧，易怒的背后都有恐惧心理在作祟。

如果一个人在该被及时满足的年龄，没有被及时满足，他的心理发展就会固着在那个时期，并在成年之后构建关系时反映出来。但成年之后这种心理诉求是很难被满足的，毕竟没有哪个成年人愿意做另一个成年人的"妈妈"。

总结一下，一个度量小的人，经常会做的两件事就是反驳别人和愤怒、发火。前者属于理性层面，后者属于情绪层面，都是对自我的防御。

之所以需要防御，就是因为自己的心理容纳度太小，容不下差异。因为差异对自己而言，意味着潜在的"威胁"。所以他们需要在理性和情绪两个层面消灭这种差异。希望我们都能看清这一点，而不是在不自知中成为一个尖酸、刻薄的人，这对于自我的成长和发展是极为不利的。

喜欢说这三种话的人，可能内心自卑

如果一个人经常说以下三种话，那他的内心可能很自卑。

逃避选择的话，如"怎么办"

在心理学上，想了解一个人的自我是否足够强大，可以看他能不能自我选择、自我负责。一个自我强大的人，很少会将"怎么办"之类的话挂在嘴边。相反，骨子里自卑、自我虚弱的人却喜欢说"怎么办"，因为他不会选择，不敢选择。

来访者黄立（化名）在第一次咨询的时候，劈头盖脸地问了咨询师若干个"怎么办"，于是咨询师就问他，"怎么办"是不是他日常生活中的口头禅。

他告诉咨询师确是如此，他经常说这三个字。于是咨询师就和他一起对此进行了分析。

据黄立说，他小时候特别听妈妈的话，现在虽然工作、结婚了，也还是和父母住在一起。他妻子也认为他没有主见，是个"妈宝男"。他自己也很容易情绪低落，经常把家里的氛围搞得很压抑。由于他的自我经常处于一种不稳定的状态，因此他总问别人怎么办，其实是想减轻自己的焦虑，让别人为自己负责。

但是当别人告诉他怎么办的时候，他又会表示怀疑，这是因为尽管他从小就压抑自己的真实想法，没有发展出选择的能力，但是选择的欲望却一直在潜意识里蠢蠢欲动，这让他的内心很是矛盾：一边想选择，一边又不敢选择。

这种冲突很消耗他的心理能量，也很损耗他的人际关系，别人都觉得他优柔寡断，缺乏决断的勇气。

容易内疚的话，如"要是……就好了"

容易内疚的话在我们的日常生活中也很常见，例如，"如果……就好了""要是……就好了"。内疚与后悔常常紧密联系在一起，比如来访者田女士刚刚离婚，情绪很低落，她一直在对咨询师说："要是我当初不和他吵架就好了，他就不会离开我了。"在咨询进行了一段时间后，她又说："要是当初没有遇到他就好了，我也不至于经历一次失败的婚姻。"

你会发现，她总是在否定自己，总是让自己体验到内疚、自责，这种对自己的否定、自责就是一种自我攻击，会导致抑郁。久而久之，由于她浑身都是负能量，周围的人也会本能地回避和她交往，从而导致她更加孤独和空虚。

强迫自己的话

强迫自己的话，经常出现在完美主义者的口中，例如，"我应该……"或者"我必须……"。完美主义者或者喜欢强迫自己的人，内心其实是缺乏关爱的，他们通常在幼年时期没有体验到无条件的爱与关注。

来访者苏青（化名）从小就很懂事，但是她那重男轻女的父亲总是不太喜欢她，弟弟有的东西她经常都没有，弟弟有的爱她也得不到。但是只要苏青考了第一名，情况就会改变，他父亲会对弟弟说："看你姐姐多棒，你应该向她学习。"这让苏青感受到了爱与关注，于是就形成了一种心理习惯：凡事都要做到最好。

这种心理习惯成了她的人生信条，她经常会对自己说："你必须要做到最好。"但她不仅这样要求自己，也会如此期待身边的人，不管是同事还是爱人。如果别人达不到她的期望，她就会很失望。我们不难想象，她总是会很失望。

我们应该清楚，有时我们没有必要非得争第一，没有必要非得把事情做到完美，那样的状态就像走钢丝一样，人是紧绷着的，特别是在关系中，没有那么多"必须"和"应该"。适当的时候，我们需要低头，因为关系中有爱。相反，如果一个人总是遵循那么多条条框框，总是固守很多"应该"和"必须"，那他一定很难和别人建立良好的关系，并且总是会对周围的人失望，一失望就会产生负能量，进而让别人远离他。

一个人喜欢说的话往往反映出的是他潜意识的内容。当我们意识到了这一点之后，这些话对我们的影响就会减弱乃至消失。

讨好型人格的三个特征

摘要 　讨好型人格的人，注意力不在自身，他们的精力无时无刻不在捕捉身边人的感受，并且根据捕捉到的信息

第 6 章　自卑的人，往往不愿正视人生的真相

进行反应，或迎合或讨好，或顺应或服从。

讨好型的人会活得很累，因为他的生命力一直被压抑着，他找不到自己的存在感，唯有向标准认同。做到了，自己的存在才能得到确认。

一个人之所以会讨好他人，源于一种感受——被抛弃感。被抛弃感带来的恐惧使得他不敢展开自己，而只有压抑自己和讨好他人才能缓解这种恐惧。

一般来说，讨好型人格具有以下三个特征。

敏感、压抑

敏感和压抑，前者是接收信息的态度，后者是处理信息的方式。因为敏感，大量的信息涌入心头；因为压抑，大量的情绪转向自身。

来访者李静（化名）是一位中年女性，有家庭，有儿女，可是她过得一点也不开心，甚至还有一些抑郁倾向。这样的状态就源自她的讨好型人格。小时候，由于父母重男轻女，她妈妈很少关心她；而她爸爸常年在外打工，即使回家了，也跟她妈妈一样向着她弟弟，让她多照顾弟弟，多帮妈妈干活。只有当她照顾好弟弟，弟弟开心了，帮妈妈干了活，妈妈高兴的时候，她才会得到爸爸妈妈的一声赞许、一点关爱。

也许是因为爱的匮乏，也许是为了得到更多的爱，讨好、迎合成了她的性格底色。

她会敏感地觉知妈妈的情绪、弟弟的需要。当妈妈生气的时

候，她不敢靠近，怕她会不高兴。她会给弟弟制作他喜欢的玩具，当弟弟淘气地撕掉她的作业时，她也不会表现出生气，并且还会告诉妈妈自己重写一遍就行。

容易内疚、自责

在上面的案例中，在面对委屈和不公时，这个来访者其实是很愤怒的，但是她不敢表达，长此以往就变得不会表达了。于是那些愤怒就调转过来攻击她自己，转变成了自责、内疚。容易内疚、自责成了她的一种性格特质。明明是别人的不对，明明是别人侵犯了她的权益，她还要说服自己大度一点、善良一些。比如爸爸妈妈打电话向她要钱时，她其实很不想给，但又忍受不了不给带来的内疚；公司里的同事总是爱抢功劳，她的付出总是被忽略，但是她会说服自己，要与人为善。

争取自己应得的仿佛并不应该，会让她心里不好受，感觉伤害了别人。而让自己得不到，让自己匮乏才会带来安全感。尽管这种状态让人不舒服，但却是可控的，因为经验表明，这样的状态是安全的。

这样的心理发展到一定程度，就会出现这样的情况：即使没有外在的约束，这个人也会主动"求虐"。比如，有个来访者经常在快要升职的时候，工作莫名其妙地出错，但是他意识不到自己是"故意"的。因为在潜意识里，他觉得自己不配升职，自己挤占了别人的机会，这让他觉得很不舒服。为了避免这种不舒服，避免内疚，在潜意识的指引下，他的升职之路一波三折，很不顺利。

喜欢宅

当一个人在自己的房子之外、在外面的世界不能舒展自我时，他就会选择宅在家里。因为在家里，在自己的房子里，关系是单一的、是固化的、是熟悉的、是可控的。

那宅和讨好型人格又有什么关系呢？

从心理咨询的案例来看，讨好型的人一般都比较宅，因为从本质上来说，谁都不愿意讨好别人，谁都想按照自己的意愿活着，讨好型的人也不例外。别人在外面可以做自己，能舒展自己的生命力，所以他们就愿意走出去。可是讨好型的人，一旦出门，注意力就会放在别人身上，总是要去观察、揣测别人的感受，这导致他们不仅很累，而且无法舒展自己的生命力。出门对他们来说是一种损耗，若非逼不得已，他们是不会走出去的。

一个人之所以会讨好他人，源自这样一种感受——被抛弃感。当一个孩子感受不到爱，尤其是感受不到父母对他的爱与关注的时候，他就会担心自己是不是被抛弃了。

这也就是为什么大人在吓唬孩子的时候会说："你再哭，我就不要你了"。这一句"我就不要你了"足以让孩子瞬间变得听话，变得顺从。

被抛弃感对于孩子来说很可怕，这一点毋庸置疑。但是殊不知，对于一些成年人，被抛弃感亦是他们的性格底色，他们惧怕关系中的另一个人抛弃自己，所以才会讨好，才会顺从。

要想改变这一点，讨好者就必须意识到这种感受是潜意识里遗留下来的，并不是当下真实存在的。

客观上"我"很安全，也有价值，别人不会轻易离开"我"，况且"我"自己能满足自己的基本需要。在理性的认识下，强化这一点，然后试着关注自己，把注意力放到自己身上，试着不讨好、不迎合，看看会发生什么，又会产生什么感受。创造这样的行为和感受，并将其稳固下来。

自卑但不承认自卑，是一些人最大的问题

摘要 | 或许人人都有自卑感，自卑不是问题，问题是对待自卑的态度。我们需要先理解自己，承认自卑，然后接受自卑，与自卑共存。

没有人是完美的，自卑好比是在完美的基础上开了一道口子，留了一个缝隙。正是因为有这个缝隙，人们才有了动力去超越自卑。

自卑源于对关系的失望。要想重新构建对关系的信心，较为安全的方式就是求助心理咨询师。心理咨询师的专业受训，会使得来访者发展出对关系的信心，并将咨询关系中的经验迁移到现实中的其他关系中。

前不久，有一首歌曲很火，歌词大概是这样的："我承认我自卑，我真的很怕黑。"这样的一首歌之所以能被许多人传唱，就是因为它直指人心，触碰到了我们的潜意识，让我们产生了共鸣。

第6章 自卑的人，往往不愿正视人生的真相

很多人在潜意识中都有一些自卑感，但是他们羞于承认这一点，因为自卑会给人带来羞耻感和虚弱感。所以自卑又会引发第二个问题，即与自己的自卑对抗。

作为一名心理咨询师，我深刻地认识到，自卑本身不是问题，自卑但不承认自卑才是一些人最大的问题，下面我将从以下三个方面论述这个观点。

自卑感人人都有

奥地利心理学家阿尔弗雷德·阿德勒在《自卑与超越》一书中认为，人人都有自卑感，只是程度不同，人们应对自卑的方式也各不相同。

我非常赞同阿德勒的这一观点，我接触的各种案例也证明了这一点。自卑是一种普遍的心理现象，人们应对自卑的态度和方法各有不同，这才是问题的根本。

面对自卑，我们要做的就是承认和接受它，带着自卑去生活，和自卑共存，因为自卑也可以成为一种力量，推动我们不断地成长。而和自卑对抗、掩饰自己的自卑，只会产生心理内耗，无意义地消耗我们的精力，同时也会使我们变得不自然、不真实，进而导致他人很难和我们建立良好的关系，因为好的关系只能发生在两个真实的人之间。

自卑来自对关系的失望

除了"人人都有自卑感"这一观点外，精神分析心理学还认

为，自卑来自对关系的失望，而关系的基础就是与父母，尤其是与母亲的关系。

在生命早期，如果一个孩子能体验到母亲无微不至的关爱，那么他对母爱就会有信心，他的心中就内化了一个爱他的人，他就相信自己是值得爱的，这个世界是欢迎他的。反之，他就会觉得没有人爱自己，自己是不好的，这个世界是不欢迎自己的，而这样的感受会进入他的潜意识。这就是自卑感的来源。我们要从这个角度来重新认识自己、重新理解自己，然后把自己当成孩子一样照顾好。

建立对关系的信心

在心理咨询中，自卑、内向、社交回避是一类很常见的问题。而这些问题本质上都是对关系没有信心，即我们前面讲到的，对关系曾经失望过，在和母亲的关系里，没有得到无微不至的爱与关注。

所以我们现在要做的就是重拾对关系的信心，带着自卑、带着问题去构建新的关系，不要对自己那么苛刻。

来访者张先生是一名计算机工程师，30多岁，至今单身。他性格孤僻、内向，不喜欢社交，而造成这一结果的本质原因是他内心里很自卑，他不相信别人会喜欢真正的他，会愿意和他在一起。

他的父母在他很小的时候就离了婚，他由父亲抚养长大，小时候他父亲出去上班，就把他放到邻居家寄养。可以说，小时候的他没有得到过母亲的及时回应，更谈不上爱与关注了。

所以他对于母亲是失望的，母子关系是一切关系的雏形，而张先生的这部分关系是缺失的，邻居再友善、把他照顾得再细致，也终究替代不了母亲的位置。

因此，他对关系很没有信心，而咨询师要做的就是帮助他重新构建对关系的信心。咨询师应该怎样做呢？咨询师应帮助他建立一种新的关系，在这种新的关系里，他可以做真实的自己，而这种关系就是咨询关系。当他在咨询关系中体验到快乐时，他就会愿意去外面的世界构建更多的关系，也就有了对关系的信心。

自卑和自恋都是一种自作多情，别人压根就没有关注你

摘要 | 最关注你的只有你自己，别人不会时刻盯着你，你觉得别人怎样看你，其实只是你自己的一种内心投射，与别人无关。

当你觉得别人看不起你、看不上你，并因此自卑的时候，你要知道，这其实是一种自作多情的表现。

自卑和自恋本质上是一样的，都是过度关注自己，觉得别人对自己很上心。要理解这种性格的由来，就要去看这个人最初的关系，即他和父母的关系。

你有没有过这种经历，即当你从人群中走过的时候，你总觉得别人都在看你；参加演讲比赛的时候，你特别紧张，你觉得你的每一句话、每一个吐字都会引起别人的关注，其实不然，别人也许都

在忙着关注自己。

你觉得别人都在看你，可能是你的自卑感在作祟

自卑的人，从小和父母建立的关系是不平等的，是监督和被监督、管理和被管理、服从和被服从的关系，因此他们做任何事情，总觉得有一双眼睛在盯着自己看，所以会小心翼翼。

来访者吴钦（化名）小时候父母对他极为严苛，特别是父亲，对他各方面都很挑剔，所以他从小就不自信，总觉得自己什么都做不好。这种挑剔和被挑剔的关系就成了他的内在关系，所以即使是在成年后，他也总是觉得别人会认为他做得不好，特别是在领导、老师面前，这种心理会更加强烈。他觉得这些人就像自己的父亲一样，而自己就是那个被挑剔、被监督的孩子。而实际的状况是，别人并没有那么认为，也不会那样要求他，因为大家都是成年人，互相之间是平等的。

总觉得别人在关注自己，也可能是你太自恋

自恋和自卑其实很像，就像一把尺子的两端，一个硬币的两面，有些时候它们是可以相互转化的。

自恋的人总觉得别人时刻在关注自己，在羡慕自己，自己是人群的焦点。毫无疑问，这是一种自作多情，别人根本就没有参与你的表演。

自恋的人，他的内在关系往往是"我"比别人好，"我"比别人强，他的自我感觉舒适度来自对比，来自对他人的贬低和漠视。但

是他"比别人好，比别人强"的感觉往往没有现实基础，而是他自己臆想出来的，所以本质上也是一种自作多情。

不卑不亢地做自己，才是最好的

每一个人都是独一无二的，所以我们的最终目的是不卑不亢地做自己，自卑和自恋都会阻碍我们活出自己。

那怎样才能活出自己呢？首先就是要理解自己，理解自己为什么自卑，自卑背后有着怎样的自我，自我的内在关系是怎样的。其次对这种内在关系进行调整，关系改变了，自我就会得以改变。

比如，我们前面提到的来访者吴钦，他之所以自卑，之所以做事情时经常紧张，就是因为他感觉别人会时刻关注自己。而这一切都可以追溯到他小时候和父母的关系，特别是父亲对他的挑剔和苛责。如果我们深入到这层关系里，就能够理解他的心理和情绪反应。

他需要被别人理解。没有被理解的一直等着被理解，没有被看见的一直等着被看见，他内心一直希望有人能理解他的自卑。与指责或嘲笑不同，理解本身就会带来力量。理解之后我们需要重新构建关系，构建一种不同于以往的关系，让他获得新的体验。

咨询关系其实就是一种新的关系，在这种关系中，咨询师要做的就是让来访者感受到平等，以此松动他固化的性格基础，让他变得自信起来。

最后我想再补充一句，尽管自卑和自恋都是一种自作多情，但是相对于自卑，自恋对自己的伤害要少一些，因为自卑说到底是一种自我攻击，容易让自己变得抑郁。

喜欢抱怨的人往往内心很自卑

摘要 | 那些喜欢抱怨的人往往喜欢外归因，他们认为糟糕的结果是由他人或环境所致，而自己只是受害者。

抱怨最大的影响就是它会让周围的气氛都笼罩上一层消极的色彩，让其他人感受到强烈的负能量，而没有人是愿意长期沉浸在负能量中的，所以人们会本能地远离这样的人。

怨气即恨意，这种恨意人们通常不敢直接表达，所以会压抑，会隐忍，这在关系中是很可怕的。

记得以前读书的时候，每逢开学，我的同桌都会在桌子上贴上这样几个字：抱怨没有用，一切靠自己。当时我不禁觉得他是多么睿智、高大，不由得心生佩服。作为一名心理咨询师，我接触过太多喜欢抱怨的人，所以是时候剖析一下这种心理，以更好地认识我们自己，并理解别人。

抱怨源自自卑

喜欢抱怨的人，内心往往很自卑，他们感受到了自己的虚弱，并为此感到羞耻。但是他们紧接着认为，这种虚弱是由他人导致的，因此又生出了恨意。

恨意作为一种情绪，其中还夹杂着愤怒、不满，理应表达出来，但是在现实生活中，这些人找不到一个明确的表达对象，或者说他们不敢向某人表达，所以就会把这些情绪转向身边的其他人。

来访者徐军（化名）告诉咨询师，老板经常让他加班，他对此很不满，但又不敢表现出来，只好回家向家人"吐槽"，时间长了，这种情绪就影响到了家人，可以说这种弥散性的情绪最终指向了他的家人。最后他的家人都沉浸在这种消极、悲观、无可奈何的情绪中，连一顿晚餐都无法好好享用，实在是太不值得了！

喜欢抱怨的人总想被别人无条件地拯救

在人际关系领域，有一个很著名的理论叫作"卡普曼三角形"（如图6-1所示），由美国心理学家卡普曼提出。他认为，为了维护人际关系的和谐，人们会无意识地扮演迫害者、拯救者、受害者三个角色之一，这三个角色组成了一个三角形。

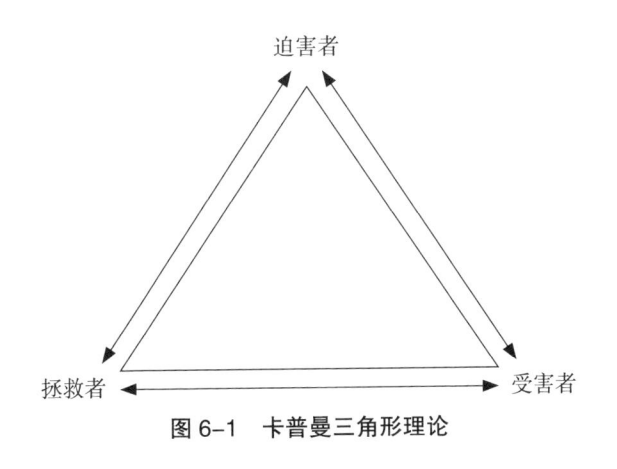

图6-1　卡普曼三角形理论

喜欢抱怨的人，总是试图做这个三角形中的受害者，控诉迫害者对自己的"种种罪行"，同时期望能被拯救，期望能有一个拯救者无条件地满足自己。

对于这种关系模式，身在其中的他们很可能意识不到，但作为一个旁观者，你应该一清二楚，这种三角化的关系对于其中的任何个体都是有害的。因为无论扮演哪个角色，这个人都是不自由的，都是被动的，而自由地做自己这件事无比重要！

抱怨可能是一种退行

我们在前面的章节中提到过"退行"一词，这是人的一种心理防御机制。比如遇到烦心事就想睡觉或者吃东西，这些都属于退行行为，即退行到幼儿时期的心理状态，表现出婴幼儿或者小孩子的心理和行为，而这些是不符合一个人的年龄特征的。

抱怨其实也可以看作一种退行，一个人表现得自己很弱小，需要被拯救，表现得自己本应像婴儿一样被满足、被照顾，而实际上没有。

我们会发现，越是喜欢抱怨的人，越是容易顾影自怜。向别人诉苦，其实就是在找一个母亲般的人来爱护和满足自己。

这样的心理和行为可能与他们的成长环境息息相关。小时候缺乏父母之爱，特别是母爱的人，由于总是被忽略，得不到及时的回应，他们没有很好地完成幼儿时期的发展任务，因此更容易有退行心理和行为。

当然那些被过度满足、溺爱的人，也可能会发生退行，但与前一种情况相比还是少数。至少在咨询的过程中，咨询师见到的喜欢抱怨的人，大多数都是幼年时期缺乏爱与关注的人，如果你身边有这样的人，你可以去仔细观察一下。而如果你自己就是一个这样的人，那你应该意识到这是一个问题，可能会破坏你的人际关系，并有意识地改变自己的行为，为自己的人生负责。

喜欢给别人讲道理的人真的很强大吗

摘要 | 人与人之间的交往，情感层面的交流最重要，其次才是思想；前者为本，后者为辅，不要本末倒置，不然别人就会对你敬而远之。

道理是理智层面的事情，是教化的结果，而不是我们的本心，而且很多时候远离本心。道理需要被进一步体验，有了相关的体验，才能成为自己的东西。

喜欢讲道理的人，内心都有些自卑，讲道理是他们的一种防御方式；他们自己讲得很开心，但是听的人却可能如坐针毡。

好的关系是平等的，是有情感流动的，任何关系都应该朝着这个方向去发展，但是似乎喜欢讲道理的人，与这个理念是背道而驰的。

在家庭关系中喜欢讲道理，会让关系变得糟糕

我们以家庭关系为例举两个常见的例子，看看在这些场景下，

讲道理和讲感受会有什么区别。

很多青春期的孩子特别听不得父母给他们讲道理、指导他们应该怎么样、不应该怎么样，这让他们很厌烦。

对此，咨询师一般会指导家长多和孩子沟通情绪和感受，少讲甚至不讲道理，因为这个阶段的孩子懂的道理不比他们少，况且他们讲的很多道理在孩子看来已经过时了。所以要尽可能地跟孩子交朋友，了解他们在想什么，进而进行一些积极的引导，这要比讲道理有用多了。

再比如，在情感关系中，如果一方总喜欢讲道理，那这样的关系可能就会变得很糟糕，很多女性都很不喜欢另一半讲道理，而不关注自己的情绪和感受。

喜欢讲道理的人内心是自卑的

喜欢讲道理的人之所以把道理看得如此重要，是因为讲道理是他们的一种防御方式，不这样做，他们的自我就会感到很虚弱，这会使他们在关系中处于弱势，会让他们没有安全感。

这种感知与别人无关，这是他们的内在关系模式投射的结果，他们的内在关系模式就是自己不如别人，别人比自己强，因此他们会在智力、理论、道理等方面抢占"制高点"。内在关系模式基于一个人小时候和抚养者形成的关系。来访者李立（化名）小时候，父亲对他比较严厉，母亲也极为强势，所以在与父母的关系中，他总是弱的一方，父母总是强的一方。

他的内在关系模式就形成于这种感知下，在这种关系模式中，他是自卑的，而自卑会引起一个人心理层面的不适，会带来羞耻感。改变这种不适的方式就是在理智、能力上强过对方，使得自己在关系中处于较强的地位。

讲道理就是这样一种方式，既可以看作在表达，也可以看作在"炫耀"，亦可以看作在对比。当这样做的时候，自卑感就被掩盖了。

你也会发现，喜欢讲道理的人，有时也喜欢反驳别人，这是因为他的自我太虚弱，必须附着在一些观点、态度上，所以他不能忍受自己的观点和态度遭到反驳。

讲道理其实是在隔离情感

情感隔离其实也是一种心理防御机制，指的是为了忽略和压抑自己的真实感受而过度理性。

除了掩盖自卑感，总喜欢给别人讲道理还有一层目的，即隔离其他情感，比如没有安全感所致的恐惧。通常来说，喜欢给别人讲道理的人是没有安全感的，他害怕深入进一段关系，当不得不进入时，他就会感到恐惧。

来访者朱明（化名）就是一个喜欢给朋友讲道理的人，因为他觉得和朋友在一起时，不讲一些道理、不论述一些自己的观点就会很无聊，会浪费时间。他几乎从不和朋友们交流吃喝玩乐的事情，也不和他们交流自己的情绪和感受，而总是试图用各种各样的道理来证明自己观点的正确性。

真诚相待是人与人相处的一个前提，那些人际关系良好的人并不是有什么技能,而是他们可以真实地和别人相处,在交往过程中,无论是自己还是别人都不会感到孤独。相反,如果你总是用大道理来隔离自己的情感,就会感到孤独,别人也会觉得"没意思",总是要被你说教。这样一来,即使他们觉得你说的是对的,心里也会不舒服,久而久之,他们就不愿意和你交往了,你的人际关系就会变得很糟糕。

希望你能结合这一节的内容更好地认识自己、理解别人,拥有良好的人际关系,最终活出真实的自己。

第 7 章

任何性格特质都不能太过，
哪怕是好的特质

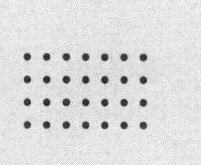

第 7 章　任何性格特质都不能太过，哪怕是好的特质

对于太内向的人来说，社交是一种损耗

摘要　　对于外向的人来说，社交是一种"充电"，他们能够在与他人的互动中获得能量；而对于内向的人来说，社交就是一种损耗，因为他们的能量主要从独处中获得。

不得不说，这个社会一直在奖励那些外向的人，他们获得了更多的机会；你也不得不承认，绝大多数太内向的人过得并不好，他们没有和谐的人际关系，为此他们是渴望改变的。

无论是太内向还是太外向，可能都是有问题的，比如太内向的人内心是封闭的，他们的生命力会消耗在跟自己的内耗上；而太外向的人会惧怕独处，这本质上是害怕面对真实的自己，因此他们也很难和别人建立深入的关系。

心理学上有一种观点认为，内向的人社交时就相当于在"放电"，因此社交对他们来说就是一种损耗；而外向的人，社交对于他们是一种滋养，相当于"充电"。

这种观点不无道理，理解起来很容易，但是为什么会如此呢？其实这与一个人小时候的经历，与他的原生家庭有关，这一节我们就从这个角度来分析一下。

太内向是因为没有安全感

太内向在很多时候是一种自我封闭的表现，这一点在很多来访者身上都很明显，他们之所以会有这样的表现就是因为他们没有安全感。

来访者朱斌（化名）告诉咨询师，他小时候并不是现在这个样子，那时候的他特别喜欢跟人交往，但是后来家里遭遇了变故，父亲做生意失败，并且和母亲离了婚。父母离婚后，他跟着父亲生活，父亲的脾气变得很暴躁，经常骂他，有时还会打他，所以他特别没有安全感，并逐渐变得内向。

还有一些内向的人尽管没有遇到什么明显的刺激性事件，但是如果你去追溯，就会发现他们的这种表现通常也源于原生家庭。如果原生家庭的氛围鼓励和接纳一个人做真实的自己，那他就会逐渐变得喜欢和别人打交道；相反，如果原生家庭不鼓励其真实的状态，一个人就会变得压抑自己。谁都不喜欢总是在关系里压抑自己，所以就会回避关系，变得内向，而这一切都是因为没有安全感。小孩子的感知是很敏锐的，如果真实的自己不被喜欢，他就会变得小心、敏感，就会压抑真实的自己，渐渐成为一种心理习惯。

没有安全感是因为没有控制感

安全感的背后是控制感，控制感就是"我自己能说了算"，比如小时候，当我们独立完成一件事，如拿到一颗糖、抓到一个玩具时，我们就产生了最初的控制感。

在长大成人的过程中，我们的能力也在逐步提升，一些简单的

第 7 章　任何性格特质都不能太过，哪怕是好的特质

意愿能够达成，这使得我们的控制感也在进一步增加。当然这指的是理想情况，而实际情况是，一些家长在孩子小的时候总是为孩子代劳，比如把玩具直接拿给孩子。这样的做法只会使孩子觉得父母很厉害，而自己很弱小，需要依靠父母。

这样的父母是控制、专制的，他们的孩子看似听话、懂事，但其实没有活力，他们丧失了探索世界的兴趣，这对于成长是很不利的。

这种心理习惯会延续到个体成年后。在与他人建立关系时，他也还是会使用这种关系模式，不能真实地表达自己。这会让他很累，所以他就不愿意活在关系里。

好的、长久的关系，必然是真实的

好的关系，必然是真实的。真实的人相遇，必然会有真实的情绪、情感的流动，这样的关系能够滋养关系中的个体。

无论是太内向还是太外向的人，要想改变，正确的做法都是先在一份关系中做真实的自己，体验到关系的好处，被关系滋养。如果身边没有这样的关系，可以找一位心理咨询师，然后再将咨询关系中的经验迁移到现实生活中，逐渐构建起滋养性的关系。

以上就是我们关于内向性格的论述，希望能给你带来一点启发。特别是在养育孩子的时候，在孩子还小的时候，要给予他无条件的爱和稳定的环境，让他可以做真实的自己。这样他就会有安全感，就会喜欢关系，关系对他而言就会是一种滋养，希望你和你的孩子都能拥有这样的关系。

太压抑、太忍让的人太痛苦

摘要 弗洛伊德曾说,凡是被压抑的都会以更加丑陋的形式表现出来。那些压抑、不表达愤怒的人,他们的愤怒和压抑会以其他形式展现出来。人人都会愤怒,一些人的愤怒我们之所以看不到,是因为它们被压抑到了潜意识中,但它们依旧会寻求表达。这种表达会更加隐蔽,更具有破坏性,所以我们要小心,甚至警惕身边这样的人。

那些不表达愤怒的人在关系中很难守得住自己的边界,也因此很难得到别人的尊重,于是他们就会逃离关系,导致他们的人际关系越来越糟糕。

我们经常在新闻中看到一些太压抑自己、太能忍的人,最后却对身边的人下了毒手,这难道不值得我们反思吗?

人的七情六欲都是进化出来的生存技能,积极情绪是我们提倡和追求的,但是消极情绪也是生命的表达,也是我们的心理反应,既然产生了,就有它产生的原因和必要性。如果任意压抑、隐藏,一个人就会不完整、不真实。

最重要的是,尽管消极情绪看似可以隐藏起来,甚至隐藏得很好,但实际上绝非如此。凡是被压抑的都会寻求表达,也必然会表

第 7 章　任何性格特质都不能太过,哪怕是好的特质

达出来,常见的表达方式有以下两种。

被动攻击

消极情绪最常见的变相表达方式就是被动攻击,所谓被动攻击,就是我不正面表达,但是我用别的方式让你不愉快,让你产生无名火。

通常而言,这样做的人,自己也意识不到。之所以被称为被动攻击,就是因为这种行为是在潜意识的驱使下做出的,理性层面是意识不到的。

常见的被动攻击行为包括:莫名其妙地犯错、拖延、不配合,或者在关系中做"道德好人",让对方感到愧疚等。

比如,来访者张琪(化名)是一家外企的员工,他所在的部门最近换了领导,新官上任三把火,但新来的领导在核对张琪的业绩时弄错了,还当众批评了他。张琪当时很生气,但碍于面子,再加上自己性格内向、不善言辞,事情就这样过去了。可是接下来,他的业绩一直下滑,跟他合作的同事也发现他经常不能按时完成任务,经常拖延,而他自己却没有意识到这一点。

这其实就是潜意识触发下的自动化行为,我们对此往往后知后觉,并会对其进行合理化。比如,这位来访者就"理性"地认为,自己之所以拖延,之所以业绩下滑,是新来的领导安排的工作太多导致的。

这位来访者的问题还不算很严重,他只是迂回地在用拖延来表达对上司的愤怒。而最应该引起我们注意的是亲密关系中的这种行

为。因为在亲密关系中，压抑情绪的破坏性会更大。

自己做得太好、太完美

据来访者李文（化名）说，她是家里的贤妻良母，任劳任怨，可是有一天丈夫突然对她提出了离婚，她绝望问丈夫："这是为什么？"丈夫吼道："没有为什么，都是我的错，是你太好了，好得我满是愧疚。"

在家庭中，她确实表现得"太好了"，从来没有向丈夫发过火，就算丈夫出差几个月，就算丈夫半夜回家，甚至夜不归宿，她都会一如既往地对丈夫好。但事实上呢？她也有愤怒，也有不满，但她不表达；相反，她表现得更体贴、更贤惠。

她这样做的潜台词就是："关系出了问题，都是你的错，我做得这么好，我已经仁至义尽了。"她把优点以及道德制高点都给了自己，留给丈夫的只有愧疚。最终，她丈夫逃离了这种感觉，结束了这段关系。

这位来访者的做法看起来无可挑剔，但实际上却是在变相表达自己的愤怒，即"我不说，但我会做得更好，让你意识到自己做得不对、做得不够，是亏欠我的"。而愧疚感是让人不好受的，为了避免愧疚感，人们就会远离关系中这个"太好"的人。

所以你要注意、留心身边那些压抑自己、从不表达愤怒的人（也许你自己就是这样的人），要帮助他们（或自己）意识到，这样做并不会平息愤怒，相反还会影响工作和生活，悄无声息地破坏关系。

第7章 任何性格特质都不能太过，哪怕是好的特质

当然，有意识地表达愤怒并不是让你歇斯底里地吼叫或者付诸暴力，这就走向了另一个极端（其实这个极端就是长期压抑后的喷涌而出）。我们应在尊重和爱护关系的前提下，在维护自己心理健康的前提下，以合理的方式表达愤怒。

在此，我建议大家可以尝试一下非暴力沟通的方法，非暴力沟通倡导表达时，要谈自己的感受，而非评判；要找到自己感受的根源，提出自己的需求。比如，你可以说："亲爱的，你做的这件事让我很生气，我感到很愤怒，我希望你……"总之，就是不要压抑愤怒，不要隐忍，而是要表达出来！

为什么太老实的人容易没朋友

摘要 ："不要欺负老实人"和"不要欺负小孩"是一个道理，所以做老实人是有好处的，会自动获得一项被照顾的权益，这是一条不成文的社会规范。因为老实，所以"人畜无害"，所以会有一种道德优越感，还不用努力去和别人竞争，做老实状就可以了。

老实人压抑了自己的攻击性，没有了竞争的欲望；相比之下，别人和他们在一起就会显得贪婪、自私。

老实人不会对别人提出请求，这就使得别人在他们面前没有价值，这样一来，当别人对他们有需求的时候，就会产生内疚感。

"老实人"是一个贬义词吗？我们暂且不论这一点，但从心理

学的角度来说，老实人确实是没有活力的，在我们看来比较无趣，因为他们压抑了人性的基本动力，这个动力就是攻击性。而攻击性是活力、创造力的来源，如果全人类都没有了攻击性，那是不可想象的。

跟老实人在一起，你会觉得自己的想法、欲望太多，自己贪心不足。在与他们的互动中，你会觉得自己在占他们的便宜，自己是不道德的。这些感觉会让人极其不舒服，所以为了逃离这样的感觉，你可能会远离一个所谓的老实人。

他们经常压抑自己真实的需要，这会让你觉得自己的欲望太多

老实人，通常都是父母眼中的好孩子，所以听话、懂事往往是他们的标签。但是成年之后，甚至等不到成年，待他们走出家庭、进入学校后，问题就会日益凸显，比如他们会被同学欺负，被其他人剥削式地区别对待。

这是外显的问题。在心理层面上，由于他们从小压抑自己真实的需要，顺应父母等外界的权威，所以他们的自我一直是弱小的。但是他们会这样进行自我安慰："我是好的，是善良的，那些让我听话的人要么是为了我好，要么就是坏人；如果是为了我好，那我就必须听他们的，但如果他们是坏人，那我要是反抗，他们就会伤害我，而且我为什么要跟坏人一般见识？"这就是他们潜意识里的心理反应，我们要意识到这一点。

他们不会拒绝别人，所以你会觉得自己在"欺负"他们

不知道你有没有过这样的体验：一个人对你非常好，你让他干什么，他很少拒绝，可是他从来不会主动要求你什么。这时你会有怎样的感受？你会内疚，你会觉得自己是不是很过分，甚至觉得自己很不道德。久而久之，你可能就会为了远离这种内疚感而远离他，这也是他无法建立良好人际关系的一个重要原因。即老实人潜意识里倾向于追求一种"清白感"，不想亏欠别人，于是就把亏欠感抛给了对方。对老实人而言，别人欠"我"的可以，"我"欠别人的不可以，所以最好不要向别人提出请求。

可是这样做并不符合关系发展的内在规律，人与人之间的交往是相互的，或者说相互"麻烦"是促进关系发展的基本动力。而老实人却经常阻断这种动力，所以他们往往很难拥有良好的人际关系。

因此，我们要看见所谓"老实"的真相，把真实的、有活力的自己活出来，这是对自己的尊重，也是对生命的尊重。

那些太容易被感动的人

摘要　　那些太容易被感动的人，很容易在别人身上看到自己的影子，看起来他是被别人感动了，其实他是被自己感动了。他是在顾影自怜，这在心理学上叫作心理投射。太容易被感动的人在与别人相处时，容易在情绪感

受上边界不清,比如,他很容易为别人的事情和情绪负责,同时也期望别人为自己的情绪和事情负责,这在心理学上叫作课题混乱。

任何性格特质都不能太过,因为太过就意味着对相反特质的极度压抑,而压抑是心理问题产生的主要原因。

从道德角度来说,容易被感动的人通常都很善良,他们能对别人的感受感同身受,这一点毋庸置疑。但是从心理学的角度看,这种特质背后还隐藏着另外一些意义。

太容易被感动的人,小时候往往很缺爱

有些人之所以很容易被感动,是因为他们很容易"入戏",很容易陷入一个特定的情景或角色中,产生一系列情绪反应,如看电影、电视剧,听别人的故事时。

我们来看一个例子。

来访者张静(化名)告诉咨询师,她看短视频时经常被感动到流泪,更不用说情节感人的电影、电视剧了。例如,看到留守儿童眼巴巴地盼着爸爸妈妈回家,她就会哭得泣不成声。在那一瞬间,她把自己置换到了视频中的情景。

张静告诉咨询师,她很小的时候父母就不在身边,自己和弟弟跟着爷爷奶奶生活,一年到头基本上只有过年的时候才能见到爸爸妈妈。爷爷奶奶偏爱弟弟,经常忽视自己,这让她很想念爸爸妈妈。她经常爬到院子的墙头上向远处张望,看走来的人是不是爸爸妈妈。

第 7 章　任何性格特质都不能太过，哪怕是好的特质

每年一到腊月，她就知道爸爸妈妈该回来了，于是每天都会去村口等他们，等妈妈给自己买新衣服和棒棒糖，等爸爸背自己上山摘果子。

从上面的例子中，我们可以看出很多时候太容易被感动的人，往往潜意识里都有一些痛苦的经验，那些经验被他看到的场景唤醒了。

精神分析心理学认为，每个人的内心深处都住着一个小孩，那就是我们年幼时的自己。如果年幼时的自己是缺爱、等待被爱的，有很多愿望没有被实现，那我们在回望自己时，就会被感动，就会哭泣。

当下的场景就像一面镜子，能够照见我们幼年时的自己。对于来访者张静而言，那时的自己一样缺少爱，一样没有安全感，一样想念爸爸妈妈，所以她会感动，会哭泣。她对于看到的场景感同身受，是因为她经历过这些。她看到了曾经的自己，觉得当初的自己很可怜，很需要爱。

太容易被感动的人，往往内心很自卑

太容易被感动的人，自我是虚弱的，是不稳定的，这样的人敏感、多疑，不容易相处。来访者张楠（化名）告诉咨询师，他是一个"泪点很低"的男人，经常会被各种人和事感动得稀里哗啦，但他也是一个很自卑、敏感的人，经常会给自己"加戏"，所以人际关系并不好。

比如当别人不高兴的时候，他总是会想是不是自己哪里没有做

163

好；而当自己不高兴的时候，他总是希望别人能够察觉他的情绪，完全理解他。

关于人际关系，心理学上有一个规律叫作课题分离，说的是我们每个人都有属于自己的人生课题，自己的课题自己负责，别人的课题别人负责。自己不能为别人的课题负责，也不能让别人为自己的课题负责；人际关系方面的绝大多数烦恼都是因为课题混乱。

典型的课题混乱就是分不清哪些是自己的事情和自己的情绪，哪些又是别人的事情和别人的情绪。

对于来访者张楠来说，当他受别人情绪的影响而自我反省、从自己身上找原因时，他就是在为别人的情绪负责。当他情绪低落，总想让别人理解自己、安慰自己时，他就是在让别人为自己的情绪负责。这样做就违背了课题分离规律。

能遵循课题分离规律的人，自我是强大、稳定的；相反，总是课题混乱的人，自我往往是虚弱的。

所以如果你太容易被感动，那你要意识到这是一个问题。太容易被感动，人就容易情绪化，而如果一个人总是处在情绪化的状态中，那他就容易失去理智，做出错误的选择。

比如在情感关系中，有的人就是因为感动才答应和对方在一起，可是之后却发现，两个人并不适合，自己并不是真的喜欢对方。

再比如，来访者沈彤（化名）经营了一家公司，他对待员工就很容易感情用事，很容易被他们的个人经历或境遇感动，从而无法

第 7 章 任何性格特质都不能太过，哪怕是好的特质

"强硬"起来，照章办事。

在个人生活中，容易被感动可能影响还不算大，但如果是在竞争性的职场上，这就可能会丧失果敢、勇猛的力量。如果这样的人还是一个管理者，那他很可能会顾此失彼，丧失公平性。

所以，太容易被感动的人，应该多一份觉察力，在一些重大的选择面前，提醒自己不要感情用事，不要被情绪裹挟，多一份觉知和冷静，才能做出更合理的选择。

太固执是怎样一种人生体验

摘要 固执的人，其人格是僵硬的，自我是虚弱的，内心是自卑的。他会把自己的观点、看法等同于自我；观点、看法被认可、被积极评价，自我感觉就会良好，反之就会痛苦，他就会反驳、争辩、斤斤计较。

心理健康的人是灵活的，是松动的，他们不会固执己见，而是开放的，可以接纳不同的意见。

固执的人，把自己和他人分得很清楚，这并没有错，错的是他们把自己和他人的距离拉远了，远得难以建立关系，所以他们是孤独的。

固执的人在社会交往中是不受欢迎的，他们很难和他人建立深入的关系。这一节我将探讨这种性格形成的原因。

165

固执的人缺乏安全感

对于固执的人来说，固执就是他的"武器"，他是不敢放下的；放下的话，他就没有安全感了，就可能会被伤害。他对别人、对关系是没有信心的，他对于放下固执后能否被人接受是没有信心的，所以他才会固执，固执地坚持某个观念和看法。

来访者马庆（化名）告诉咨询师，他知道自己很固执，也知道这在很多时候是有问题的，但是他很难向他人承认这一点。因为承认就意味着向别人低头，是会被别人嘲笑的，这会让自己感受到虚弱和羞耻。

所以固执本质上也是一个关系问题，关系的牢固程度、关系的质量会影响固执的程度。如果关系好，我相信一个人是愿意放下固执，向另一个人低头的。而一个人之所以会形成固执的性格，与他的原生家庭，与他和父母的关系有关。如果在最初的关系里，他的不固执、他的柔软和低头没有换来母亲或者其他抚养者的关爱，而是被忽视或被指责，那他就会包裹起自己的真心，变得僵硬和固执！

自卑或自恋的人容易固执

没有安全感的人在人际关系中会固执，这也是自卑或自恋的表现。我们在前面提到过，自卑和自恋其实很像，它们就像一把尺子的两端。

在固执这件事上，自卑的人和自恋的人是一样的，他们都不会轻易放弃自己的观念或态度，因为他们的自我是不稳定、不结实的；他们要"捍卫"自己的观念或态度，以稳定自我，获得内心的平衡。

固执的人，和别人离得太远

固执的人，固执己见，不会向别人低头，因为向别人低头就意味着承认自我的虚弱，这会让他们感到羞耻，所以他们把自己和他人分得特别清楚。

我们在前面的章节中讲过，要分清楚自己和他人，这是人际边界的问题。很多人的人际关系之所以出现问题就是因为人际边界不清，但这并不是说边界清晰就意味着要和别人保持较远的距离。而太固执的人，他们和别人的距离通常都很远。

其结果就是，别人永远难以和他们建立深层次的关系，他们自己也时常感到孤独，感到他人都不理解自己，自己没有依靠，并为此常感到心累。除此之外，由于得不到他人的理解，他们还容易对他人产生恨意，因而更不愿意接近他人，也就愈发孤独——这就形成了一个恶性循环。

不固执的人，人际关系更好

如果家庭成员互动的方式是单调、刻板的，每个人都固执己见，那么在这样的环境下长大的孩子可能也会很固执，不知变通。如果家庭成员间的互动方式是灵活、轻松的，那么成长于其中的孩子就可能更容易相处，也更包容。

除此之外，人际关系的本质就在于情绪、情感的流动，而固执的人，他们的情感通道是关闭的，或者与他人的不相通，因此不容易和别人产生情感的联结，也就不容易和别人建立关系。

那么，既然这样的性格是在原生家庭的关系中形成的，要想改变，就需要在新的关系中去松动它，在新的关系中去获得新的经验。要做到这一点，就必须去构建新的关系，在新的关系中去表达，去逐渐放下固执，并察觉放下固执的时候，自己有没有被伤害，我相信是不会的。

当然，如果你在现实中难以建立安全的关系，可以求助于心理咨询师，咨询师会给你足够的安全感，给你带来松动的经验，使你放下固执。

太坚强、太独立的人也不好相处

坚强、独立都是高贵的品质，但是如果太过，也是会有问题的，这背后是一个人对关系的失望，甚至是绝望。

来访者马忠（化名）来自西北农村，40多岁，但看上去要比实际年龄老得多。他告诉咨询师，他很早就外出打工，什么脏活累活都干过，赚的钱如数寄给父母。他不善于表达，也没有什么朋友，只会卖力干活，独立、坚强是他身上最清晰的标签。现在他已经结婚了，还是一如既往地卖力，一如既往地坚强、独立，可是他的家庭关系很不好，所以他的儿子把他带到了咨询室。

在这位来访者身上，有三个清晰的特征。

第7章 任何性格特质都不能太过，哪怕是好的特质

听不进去别人的意见

马忠的儿子告诉咨询师，他父亲从来都听不进别人的意见，从某种程度上来说，他的父亲很偏执。而马忠之所以会这样，主要原因还是在于他的成长环境。他是家里的长子，从小就被父母严厉要求，加上家里比较贫困，所以父母很少满足他。而且由于父母要出去干农活，他经常被一个人"关"在家里。

总之，马忠没有在原生家庭中发展出一个好的关系基础，他在关系中感受到的主要是失望，而这些体验都进入了他的潜意识，所以成年之后，他很难信任关系。他只相信自己，别人的看法和观点对他来说都不值得信任。

不屑于人情世故

马忠生活在农村，农村人本是很重视人情世故的，可是他却不然，他特别不注重这一点。这从他的生活中就可以看出，他很少求人或者麻烦别人，再累、再重的活他都是一个人干，凭着一膀子力气，一个人去干。

他也很少主动和亲戚朋友来往，他告诉咨询师，别人是靠不住的，自己过自己的日子就行了。而且他还特别排斥妻子和女儿走亲戚、串邻居，觉得这些事情"纯粹浪费时间"；对于儿子结交朋友，他也很反对，因此，他的家庭关系很不好。

轻视情感

马忠从来不会向家里人表达自己的内心感受，对于家庭成员之

间表达情感也很抗拒、很排斥。

很多时候，他看起来都很理性，但从心理学的角度来说，这种理性其实是一种防御，是为了隔离自己的情感，因为自己的情感是复杂的，可能还有恨意；这些复杂的情感是不受控制的，而表现得理性能够帮助他防御这些情感的冲击。

理性是可控的，感性则不然，这也印证了一个太固执、太坚强和太独立的人是缺乏安全感的，而安全感就是控制感，所以他们会时刻追寻控制感。

一个灵活、松动的人，他的肌肉和神经都是放松的，他不会去刻意控制什么，因为他的内心是有安全感的。

此外，马忠还对咨询师说，表达自己的情感，会显得自己很脆弱。是的，对他而言，向他人表达情感会暴露自己的虚弱，这种虚弱会让他感到羞耻。

你可以参考这三个方面去认识自己或者身边的人，以更好地了解一份关系，因为性格特点最终会体现在关系中，正如来访者马忠的性格，最终影响到了他的人际关系。

他在原生家庭中没有形成一个良好的关系基础，在自己组建的新生家庭里，他也不会处理各种关系，不会和家人相处。这本质上是他缺乏安全感、不信任关系。如果他的家人，尤其是他的爱人能给予他信心，让他可以真实地表达、真实地做自己，那他就会逐渐意识到，他没有必要不信任关系，也没有必要再用固执、独立来隔离自己和别人，他固有的性格就会变得松动。

第 7 章　任何性格特质都不能太过，哪怕是好的特质

警惕支配欲很强的人

摘要　　支配欲即控制欲，有的人支配欲很强，他们不关心你真正的想法，也不会去真正了解你的感受。他们可能是你的父母、你的上司或你的同事，也可能是你的爱人、你的朋友。

支配欲强的人经常会以爱的名义，或者"我是为你好"的名义来支配别人，当然他们也可能会利用权力来支配别人。所以和一个支配欲、控制欲强的人在一起，时间长了，你的身心就可能会受到伤害。

在情感关系中，一定不要成为对方支配和控制的对象，因为那样你就会失去自我，也可能会被对方抛弃。

一般来说，支配欲或者控制欲强的人会有这些特点。

喜欢否定、贬低别人

你有没有过这样的经历，就是经常被别人否定，而且他们还可能对你说："听我的，我都是为你好。"

但是，你是一个独立的、有自由意志的个体，他们可曾听你表达内心的想法和感受？

来访者小齐（化名）告诉咨询师，她的男朋友就是一个支配欲很强的人，经常喜欢否定她，比如她穿的衣服、用的化妆品，经常

会遭到嫌弃和吐槽。

他要求小齐按照他的想法来穿衣打扮,还义正词严地说什么"女为悦己者容,自己的男朋友喜欢最重要"之类的话。在生活的其他方面,这一点体现得更淋漓尽致,他经常说:"你不懂,这事得听我的。"或者他会贬低小齐,说小齐的眼光太差,考虑问题不全面。

和这个男朋友在一起,小齐逐渐失去了自我,变得越来越压抑,不得不寻求心理咨询师的帮助,可是心理咨询师也只能帮助她应对心理问题,现实层面的问题还得她自己面对。

所以在关系中,如果有人经常否定你,如果你一味地接受他的否定,你就会失去自我,变得压抑和没有活力,身心都受到伤害。

喜欢反驳别人

一个支配欲强的人,在无法否定别人的时候,就会反驳别人,找各种理由和证据来反驳。反过来,如果你身边有人喜欢反驳别人,那就说明他是一个支配欲和控制欲很强的人,对于这样的人,在建立关系时一定要慎重。

从根本上来说,这样的人没有一个牢固的内在核心自我,说白了,他们骨子里很自卑。如果别人和他们的想法、观点、选择不一样,对他们来说,自我的存在就会受到威胁。于是他们费尽全力进行反驳,证明别人是错的,是不好的,而自己是对的,是好的。

即他们的自我是虚弱的,需要反复证明,才能感到踏实。如果

第 7 章　任何性格特质都不能太过，哪怕是好的特质

你是一个喜欢反驳别人的人，那你需要意识到自己的问题，正视自己的问题远比动不动反驳别人更为重要。

当然还有一种情况，就是喜欢否定、贬低、反驳别人的人，他们这样做是带有一定目的的，这就是网络上热议的 PUA（精神控制）。他们这样做就是为了让你失去自我，为他们所控制。

喜欢忽略别人的感受和想法

对于一个支配欲、控制欲强的人而言，他很难看见别人的真实自我，他眼中只有别人的功能属性；他只考虑对方能为自己做什么，能满足自己什么，而看不到别人是一个真实的、独立的个体。所以他会忽略别人的感受和想法，其实与其说是忽略，倒不如说是根本"看不见"。所以我们有时会遇到这样的情况，一个支配欲很强的人可能对你特别好，但是他的好是从自己的角度出发的，认为你应该要什么，而不会考虑你需要的是什么。比如，他明知你喜欢吃香蕉，但还是给你搬来了一箱苹果，因为他喜欢吃苹果，他觉得苹果更有营养。这就是在以自己的感受代替他人的感受，本质上还是忽略他人。

生活中，特别是在父母教育孩子的时候，就很容易出现这种情况，对此我不再举例，我相信大家脑海中已经开始滚动各种鲜活的画面了。有些父母总是打着"为你好"的旗号控制他们的孩子，全然不觉孩子也是一个独立的个体，有着不同于他们的需求、想法和感受。

如果你在成年后的关系中又遇到了这样的人，那我建议你一定

要守住自己的边界,坚定地让对方意识到你的情绪和态度,让对方尊重你也是一个独立的人。

要记住,无论什么时候,你都是自由的,都可以活出自己,而不应该被另一个人所控制!

第 8 章

活出真实的自己，才能拥有好的人际关系

第8章 活出真实的自己，才能拥有好的人际关系

活得"不好惹一点"

摘要 我们在之前的章节中提到过，内疚就是一种自我攻击，是攻击性指向自己的结果。弗洛伊德也认为攻击性是所有生物的本能。这种本能进化到人这里，简单而言，就是愤怒、发脾气等心理和行为。

做一个不好惹的人，就是要把这些心理和行为释放到关系中，以此来促进关系，活出真实的自己，唯有这样，我们才能拥有好的人际关系，这是对自己、对关系的负责。

事实也证明，越是"不好惹"的人，越是有点脾气、个性的人，心理往往越健康，人际关系也越好。

下面我将从三个方面论述这一点，这三个方面同时也是我们要做一个"不好惹"的人的原因。

"不好惹"的人心理更健康

我一直在强调，凡事都有代价，没有什么是不劳而获的，让自己保持心理健康也是如此。所以为了自己的心理健康，我们不能太压抑自己，要合理地表达自己的情绪，尤其是愤怒。

容易内疚的人通常都喜欢压抑自己的愤怒，他们在面对自己的情绪时不是想着怎样去表达，而只是将其简单地压制起来。这种

被压抑的情绪会进入他们的潜意识,一方面使其长期处于一种郁郁寡欢的状态;另一方面,由于不再受意识的控制,这些情绪更难觉察,但它们会以其他形式表现出来,对关系和个体都造成伤害。

凡是被压抑的,都会以其他形式表达出来

"凡是被压抑的都会以更加丑陋的形式表现出来。"这是弗洛伊德所说的一句话,这句话在很多案例中被一次又一次地验证。

来访者王敏(化名)告诉咨询师,她是一个脾气很好的人,特别会为别人着想,但是她的感情生活很不顺,人际关系也不好。对此她很是费解。

经过和咨询师的探讨,她意识到,原因在于她在人际交往包括情感关系中使用了被动攻击。比如当她丈夫没有按时回家,或者忘记了重要节日时,虽然她心里会很不舒服,但是她并不表达,而是将这些情绪压抑下来,反而对丈夫更好。因为在她一贯的认知里,自己是个好妻子,是个"识大体"的人,于是,愤怒的情绪看似没有在她身上出现过,但实际上并非如此。

她会莫名其妙地拖延,导致丈夫上班迟到;她还会表现得很热情,对丈夫特别体贴,以此让丈夫感到内疚,这就是她表达自己不满的方式。这种方式可能连她自己都意识不到,因为这种表达是在潜意识的主导下产生的。

于是时间长了,她丈夫开始觉得和她在一起不舒服,觉得自己总是会被内疚包围,总是会莫名其妙地生气,但又似乎没有发火的理由,所以离婚就被提上了日程。

第8章 活出真实的自己，才能拥有好的人际关系

"不好惹"的人才真实

人们都希望和真实的人交朋友，这是由我们基因里趋利避害的本能决定的，而一个脾气太好的人往往是不真实的，是压抑的。这种压抑的性格倾向如果发生在意识层面，那自己还能意识到，而如果发生在潜意识层面，可能连自己都很难察觉。

不过对于这种压抑，判断起来也比较简单，方法有二：其一，问自己过得开心、快乐吗？其二，看看自己的人际关系好不好。

在一段深刻的关系中，两个人必定都是真实的存在，讨好、顺从的关系模式都有违真实，这样的关系很难长久存在。

从心理咨询的案例中，我们能够得知，人际关系问题基本上都是由于不能在关系中真实地做自己。来访者李晓（化名）脾气很好，很懂事，是一个斯斯文文的女孩子，但是她的人际关系却很不好。因为她总是戴着面具和别人相处，她不愿意和别人分享她的喜怒哀乐，也不会向别人表达自己的需求，所以别人觉得她总是那么客客气气，不真实，甚至还有人背后说她太能"装"了。

但真实的状况是，她怕表现出自己真实的一面后，别人就不再喜欢她，甚至会远离她。那她这样的想法是从哪里来的呢？这源自她从小形成的心理习惯，源自她的原生家庭，源自他和父母的关系。

小时候，她的父亲对她很严苛，母亲也偏爱弟弟，而她只有表现得好、听话、懂事才能得到父母的爱与关注，所以在她的经验里，真实地表达自己的情绪是会失去爱、失去关系的，所以她就会

在与他人相处时压抑自己，表现得"脾气极好"。但也正是这种压抑、不真实使得她的人际关系很不好，让别人无法和她建立深厚的关系。

所以，在与人相处的过程中，我们要尽力做一个真实的人，做一个"不好惹"的人，这是对自己、对关系最好的馈赠！

从不麻烦别人也未必是好事

我一直主张的一个观点，就是一个人要懂得麻烦别人，原因主要有以下三点。

没有相互麻烦，人与人之间就无法建立关系

人必须活在关系里。关系就是大地，我们必须踏在大地上才能安稳，人与人之间的相互麻烦就是在构建联结，就是在构建关系。

礼尚往来是我们特别推崇的一种交往法则，这背后的逻辑就是"相互麻烦"。如果人与人之间互不麻烦，那这个世界很可能就成了一潭死水，人们就可能出现各种心理健康问题。

我澄清一点，我所说的麻烦别人并不是毫无节制、一股脑地把自己的责任全部转嫁给他人，让他人为自己负责，这种行为不在我们的讨论之列。

来访者景涛（化名）是一名公司职员，性格比较内向，在日常生活和工作中，他很少麻烦别人，但是他的人际关系并不好，在公

第8章 活出真实的自己，才能拥有好的人际关系

司干了好几年，一个要好的朋友也没有。

心理咨询师从他不愿意麻烦别人这个角度入手，开始对他进行分析。据景涛说，他从小到大都是父母眼中的乖孩子，所以他不愿意麻烦别人。但也正因他从来不麻烦别人，所以别人根本没有机会走进他的内心，他也走不进别人的生活——两个毫无关联的人，是不可能产生关系的。

被需要是人性的基本需求

被别人需要是人性的基本需求，当一个人去麻烦别人的时候，他不仅是在达成自己的意愿，同时也在满足别人的需求。

当我在你面前觉得自己有价值、被需要的时候，我就会喜欢和你在一起，这种心理在人际关系包括情感关系中都存在。相反，当我和你在一起的时候，你不需要我，让我觉得自己没有价值，那我可能就不愿意走近你。同时由于你不需要我，我也没法去麻烦你，因为那样会让我心里不舒服，觉得亏欠于你。

这种内疚感和亏欠感是很不好受的，所以为了避免这种体验，人们就会远离这样的关系，最终，一个不愿意麻烦别人的人就难以收获好的人际关系。而且从这个角度来说，一个不愿意麻烦别人的人不仅难以交往，甚至是不值得深入交往的，因为他会给你制造一种内疚感。在这种内疚感的刺激下，你会觉得自己很自私，自己在剥削一个好人。在一份关系中，有人做了纯粹的好人，就会有人自动成为"坏人"，这其实是不公平的。

不愿意麻烦别人，可能是因为内心太自卑

在一些人看来，不愿意麻烦别人是道德素质高的表现；相反，如果一个人总是去打扰、麻烦别人，那他就是有问题的，这种人的道德素质是不及格的。可是如果你仔细观察，就会发现那些喜欢麻烦别人的人，他们对生活充满了热情，他们有着不错的人缘，有着良好的人际关系。

不愿意麻烦别人的人，内心深处也不相信自己会得到别人的帮助，他们害怕别人拒绝自己，这种"不相信"其实就是自卑。

这种心理源于一个人和父母的关系，比如前面提到的来访者景涛，他的母亲比较强势，父亲又常年不在家，所以他学会了听话、懂事。在学校里受了委屈，他也不会告诉母亲。这种懂事、不麻烦别人的做法对一个年幼的孩子来说，背后是一种失望，是一种缺乏爱与关注之后的无助。

所以，一些小时候缺乏爱与关注或总是被拒绝的人，长大后就会很懂事，他们不愿意麻烦别人，这其实就是把真实的自己封闭了起来，并不是什么好事。因为在这种情况下，别人走不进来，自己也走不出去，剩下的只有孤独和空虚。

所以，如果你是一个这样的人，希望以上分析能帮助你理解自己的这种心理和行为，然后在此基础上，试着主动去麻烦别人，不要怕被拒绝。你会发现，当你这样做了之后，别人会更愿意和你深入交往，你的人际关系会变得更好。

第 8 章　活出真实的自己，才能拥有好的人际关系

既要学会麻烦别人，也要懂得拒绝别人

不愿意麻烦别人和不会拒绝别人通常会集中体现在一个人身上，但这两个看似相反的特质其实并不矛盾，因为它们都体现了一个人的低自尊、低价值感。说直接一点，它们都反映了一个人内心的自卑。

关于这一点，我们将从以下几个方面进行分析。

拒绝别人，就是在做自己

一个人的心理健康程度和他能做自己的程度是成正比的，一个人越能够做自己，他的心理就越健康。拒绝别人，就是不想压抑自己，就是在表达自己真实的想法和感受。拒绝就是通过说不，来守护自己的边界，来主张自己的意志，这是生命力活跃的体现；相反，如果一个人在关系中不能做自己，那么他就会压抑自己真实的想法，他就不会或者不敢拒绝别人。

凡是被压抑的都会以其他形式表现出来，比如一个来访者告诉咨询师，同事让他帮忙做事，他不想，于是就拖拖拉拉地做了很久。当然，还有人会在不想做某件事的时候生病（是真的生病），或者遗忘掉这件事，以这样的方式表达自己真实的想法，以这样的结果来做自己。

不拒绝别人，是一种心理习惯

不拒绝别人，是一种心理习惯，那这种习惯是如何养成的呢？很显然是在生命早期，在和父母的关系里，在原生家庭里形成的。

来访者小艾（化名）就是一个不会拒绝别人的人。正因如此，同事经常把很多工作都推给她，于是她总是很忙碌，怨气也特别大。

她告诉咨询师，她从小就是一个懂事的孩子，是一个在父母眼中会替别人着想的人，所以懂事、替别人着想就成了她的标签。为了维护这个标签，她不能向别人表达自己的怨气，那些怨气就只能指向自己。

我们之前提到过，向自己表达怨气的做法在心理学上叫作自我攻击，过度的自我攻击就会导致抑郁。

这位来访者在她父母面前一贯表现得很听话、很懂事，而一个太听话、懂事的孩子往往不会拒绝父母提出的各种要求。但是据我观察，这样的孩子通常活得很压抑，他们所表现出来的听话、懂事都是为了得到父母的爱与关注。不是他们不想拒绝，而是他们怕一旦拒绝，就会失去爱与关注。他们会把这种方式延续到其他关系中，就比如来访者小艾，她就是在用这样的方式与他人相处。

不拒绝别人，是因为自己曾被多次拒绝过

不拒绝别人，还有一个原因就是自己曾经被拒绝过，特别是小时候被多次拒绝过，深刻地体验过被拒绝的伤痛，所以不忍拒绝他

人。但是这样做忽略了一个事实,那就是人和人是不一样的,过往经历和思维方式都不一样。

我们能做的就是为自己的感受而不是为别人的感受负责。区分出自己的事情和自己的情绪是解决人际关系问题的根本方法,也是我们在拒绝别人时要遵循的原则。

你可以综合以上分析,根据自身的情况复盘一下,看看自己的问题在哪里,然后在关系中,试着拒绝他人。你会发现,拒绝别人并没有你想的那么可怕,当然在别人拒绝你的时候,你也要为自己的感受负责,对事不对人,不要进行过多的想象。先有意识地这样做,久而久之,就会自然而然地形成习惯。

不妨活得"自私"一点

摘要　　从人性、生物本能的角度来说,人根本上还是为己的,即人性是自私的。文明的演化也是在这个基础上进行的。我们要承认、接受且不要违背这一点。从心理学的角度来说,诸多心理问题的出现就是压抑人性的结果。

先让自己变得充盈和丰富,再去给予别人,这才符合客观规律,即要给予,你自己首先不能匮乏。

如果你本身是匮乏的,那给予就会让你产生付出感,这种付出感会转化为你的道德优越感,进而激发出对方的内疚感。这是对自己和别人最大的不尊重,也是对你们关系最大的破坏。

"自私"一词在词典里是个地地道道的贬义词，这无可非议，所以我们不从道德角度来进行探讨，而是从心理学的角度来谈谈适度"自私"会带来的好处。总有一天你会发现，活得自私一点，才是对自己和别人最大的尊重。

先让自己变得丰富，再去给予他人

自私一点，就是要适当地为自己考虑，不做作。我们在前面提到过，papi 酱在某综艺节目里说，如果对生命中的主要关系进行排序，自己的排名会是自己、爱人、孩子、父母、其他。

从这个排序中我们可以看出，"自己"是所有关系的第一位，实现这一点必然意味着要活得自私一点。如果一味优先考虑别人，那你必然会有付出感，进而产生道德优越感。这种行为也算不上无私。

生活中，很多人的付出往往带有目的，而不是出于爱。这是因为很多人自己就爱匮乏，或自卑，或缺乏安全感，等等。在这种情况下，强行付出必然会产生付出感。"我为你付出了那么多，你得回报我"，关系中就会散发出这种味道。这会让付出的一方越来越有道德优越感，也会让接受的一方越来越内疚。

这样的案例在现实生活中比比皆是。

来访者小李告诉咨询师，他的母亲特别爱他，给了他太多的关怀，但他大学毕业后没有回老家工作，而是去了女朋友所在的城市。对此他的母亲很生气，骂他没有良心、不孝。据小李说，一直以来母亲给他的爱都很沉重，这让他很想逃离。

第8章 活出真实的自己，才能拥有好的人际关系

比如，他一回老家，母亲就会给他做各种好吃的，但是自己却一口不吃，全留给他，甚至还当着他的面吃前一天的剩饭。他家里的条件还是不错的，完全用不着这样。其结果就是，他吃着美食也觉得不舒服。

除此之外，母亲还总是把他当小孩子看待，给他洗衣服、铺床、打扫房间。尽管他多次跟母亲表示要自己做这些事情，但母亲还是会抢先一步做好，这让他特别过意不去，尤其是有外人在的时候，这让他觉得特别难为情。

这样的事情不仅会发生在亲子关系中，也会发生在情感关系中，甚至普通的人际交往中也会存在，或许你就经历过。

真实地活出你自己，敢爱敢恨、敢自私

真实地活出你自己，敢爱敢恨、敢自私是一个人心理健康、人际关系良好的必要条件。我们来看看下面这个案例。

来访者王力（化名）告诉咨询师，自己是宿舍四人中性格最温和的，从不与人争吵，而且也是最大方的那个，室友们一起去吃饭，他经常主动买单，而且还拒绝其他人的分摊。但是有两位室友的行事风格跟他恰恰相反，他们俩平日快人快语，什么话都会直接或者半开玩笑地说出来，比如一起吃完饭后，回到宿舍就会"算账"："×××，你今天欠了我多少钱，记得还我啊。"最终他成了那个最不受欢迎的人，为此他很苦恼。

为什么会这样呢？主要有以下几个原因。

其一，其他人感觉他不真实，因为学生时代大家都没有收入，

都是花父母的钱，手头并不宽裕，所以别人觉得他太"装"，不真实。

其二，没有人愿意亏欠别人，那样会激起心底的内疚感。所以室友更愿意和那些明算账的人在一起，那样的相处更舒服。

其三，他总是压抑自己的情绪，他的温文尔雅、情绪不明朗使别人难以觉察他对人、对事的态度，进而产生一种距离感。

所以，不妨活得"自私"一些，做最真实的自己。唯有真实，才能收获真心。

做一个"会玩"的人

摘要 　　会玩、会娱乐的人往往心理更健康，因为这样的人更懂生活、更有趣。一个懂生活、有趣的人，是不愁朋友的。

　　玩耍、娱乐也是一种能力，所以我们会发现，有的人学的时候学不好，玩的时候也玩不好，这样的人不在少数。

　　玩游戏是幼儿最感兴趣的事情，没有之一，这种形式和内容可以说是根深蒂固、深入人心的。每个成年人心中都有一个内在小孩，很多心理问题都是由于这个内在小孩出了问题。

　　会玩、会娱乐的人是有趣的，对于自己，他们是享受生命、热爱生活的；对于他人，他们是开放、好相处的。当然，那些玩物丧志的人并不在我们的讨论之列。

我们这一节就讨论一下那些会玩、会娱乐的人，他们背后的心理状态是怎样的。

会玩、会娱乐的人，更有热情

工作、学习、吃喝玩乐，基本上是一个进入社会的成年人的生活全貌。娱乐在其中占据了很大一部分，给一个人的生活增添了很多乐趣。

娱乐有各种各样的方式，但是所有娱乐本质上都是跟外界建立联结，比如玩过山车，需要你放下控制，把自己交给这个庞大的机器，体验速度与激情。

而如果你是一个没有安全感或者谨慎小心的人，你可能就不会放下控制，就可能无法和过山车这个存在相遇，也就无法体验到速度带来的愉悦。

其他娱乐方式也是一样的道理，你只有愿意放下控制，去接近它们，才能体验到乐趣，否则对你而言，娱乐就是在遭罪。

一个人越是会娱乐，就意味着他越愿意放下控制，这样的人更加开放。他们对待身边的事物是如此，对待身边的人更是如此。所以他们更容易相处，人际关系也更好。

会玩、会娱乐的人，身体更加放松

身体和心灵相互影响，这是著名的笛卡尔身心交互论，当代科学也已经证实了这一点。人的身体状态会影响心理状态，反过来心理状态也会影响身体状态。

就拿玩耍、娱乐来说，一个会玩、会娱乐的人，在做这些事情时身体是放松的，而一个不会玩、不娱乐的人，在做这些事情时身体可能处于紧绷状态，因为他是处于防御状态的。

这也给了我们一个启示：要改变心理状态，可以从改变身体状态入手，比如去运动，去健身，去娱乐，去玩耍。先不要特别在意心理状态，而是去给身体一个刺激、一个改变，让它变得开放，久而久之，你的心理状态也一定会得到改变。

会玩、会娱乐的人，自控力更强

会玩、会娱乐的人，自控力更强，这个观点乍一听似乎并不合理：玩乐难道不是意味着自控力弱吗？

不，不是这样的，而是恰恰相反的。一些人之所以学的时候学不好，玩的时候也玩不好，根本原因就在于他们缺乏自控力。

来访者袁康（化名）是一名大学生，同学们都去玩的时候，他也会去玩，但是玩的时候又会想着学习，想着还有作业没做完，而学习的时候，注意力又不集中，总是想玩手机。

生活中，他性格内向，没有什么兴趣爱好，朋友也不多，戴着一副厚厚的眼镜，看起来很爱学习，但其实他的自控力特别弱，学习成绩并不是很好。他告诉咨询师，他特别羡慕那些玩的时候很尽兴，学的时候能全神贯注投入的人，自己做不到这样。

会玩、会娱乐的人，在娱乐的时候被酣畅淋漓地满足过，所以自控力被滋养了，学习的时候就不会再想着去玩了；相反，如果玩的时候不会玩、不敢放松去玩，当真正工作的时候也会很难投入，就像来访者袁康一样，总是忍不住要看手机。

以上就是我们对于一个人会娱乐、能娱乐的心理学分析。希望我们都能做一个会玩、会娱乐的人，该玩的时候好好玩，该投入的时候才能心无旁骛、真正地投入。如果你做不到，就多留意一下身边这样的人，多和他们在一起，向他们学习。

做事不必太着急

很多人做事情太着急，想一下子就把事情做成。他们对自己的要求是不仅要做成，还要快。如果没有一下子做好，或者没有在短时间内做成，他们就会攻击自己。如果经常这样，自我就会承受不了。而且，有的人还会埋怨别人，觉得自己没有做好、没有快速做好是由别人导致的。无论哪种情况，都会限制一个人的自我发展。

无法等待的人，好像嗷嗷待哺的婴儿

做事着急、没有耐心的人往往对自我没有信心。他们不相信只要努力就能够做成事情，他们需要快速看到结果，才能打消自己的不安。

从精神分析心理学的角度来看，这一切可能源于他早年间对母亲的及时喂养没有信心；如果母亲不能及时喂养婴儿，婴儿就会体验到巨大的"死亡焦虑"。

所以等待对婴儿来说是一种巨大的挫折，这种体验会进入他的潜意识，导致他对一切不能被及时满足、需要等待的事情产生强烈的负面情绪。但现实是，绝大多数事情都是需要等待，需要一个过程的，这是客观事实，所以一个容易心急的人就会遇到种种困扰。

我的朋友小秦就是一个这样的人。有一次，我们一行人去餐馆吃饭，餐馆里客人很多，所以上菜比较慢。等了10多分钟，他就开始嘀咕："怎么这么慢，早知道就不来这家店了。"等了大约半小时的时候，他再也压不住怒火，把服务员叫过来骂了一顿。

那顿饭他吃得很不开心，我们受他的影响也有些失落。后来，我跟他细聊了那天的事情和他的情绪反应。他说他最忍受不了的就是等待，特别是吃饭的时候，一饿就会生气。他说他总觉得是别人故意不让他吃上饭，因为他看到有一桌客人来得比我们晚，上菜却比我们早。

在现实生活中，小秦换了很多份工作，每一份工作都干不长。但是他辞职的理由看似都很合理，比如工资不高或者加班太多，或者没有发展前景。综合这些现状，我们可以说他的着急对他的工作、生活产生了消极影响。或许他没有明白，不着急，才能活得更好！

做事着急的人容易愤怒

我们很容易就能发现,一个做事着急、没有耐心的人经常会愤怒。愤怒会指向两个方向,一是外界,即认为自己受挫是别人有意为之的。比如我们刚才提到的小秦,在他看来就是服务员轻视我们,所以才故意让我们等了那么久,所以他很生气、很愤怒。

愤怒的第二个指向是自己,即认为是自己不好、自己太弱小,所以无法在短时间内做成某件事。

这两种指向都可以和前文中所讲的喂养经历联系到一起。当母亲没有及时喂养婴儿的时候,婴儿不仅会体验到强烈的情绪反应,而且还会产生认知反应,即觉得是有人故意让自己挨饿,或者觉得是自己不好,所以才要挨饿。

这样的心理反应一旦进入潜意识,就会成为日后反应的底色。这样一来,在类似的情境中,个体就会以相同或相似的方式做出反应。

大学时,我有一次去同学家玩,他正在上中学的弟弟在另一个房间里玩魔方,突然,我们听到他弟弟房间里传来一阵摔东西的声音,我们进去一看,只见他弟弟一边用力摔魔方,一边用脚踩,嘴里还骂道:"什么破玩意……"也许那一刻,他觉得自己"拼不对"是这个魔方在故意难为自己,让自己难堪。他把这种挫败的愤怒指向了外在。

做事不着急需要我们容纳自己

要想在做事情的时候不着急,就需要包容自己,更确切地说需要容纳自己,比如容纳自己的负面情绪。当一个人不肯承认、接受自己的负面情绪时,他就会把情绪转嫁到外界,他就必须找到一个现实层面的原因。比如我的朋友小秦因为没有及时吃到饭菜就很生气,其实就是他潜意识里幼年时期的情绪被唤醒了。这属于自己的内部感受,与别人无关,可是他既不愿意承认,也不愿意接受,于是就对其进行合理化,认为这是别人有意为之,从而把情绪指向了别人。

当这种情绪指向自己的时候也是一样的道理——不接受自己动作慢,不接受自己不成功,也是在逼迫自己。当这样做的时候,一个人的自我就被情绪裹挟了,理性的思考就没有了空间。在愤怒的裹挟下,他意识不到每个人都有自己擅长的领域,也有自己不擅长的方面,要承认自己在某些方面确实技不如人。

要想做事不着急,就要容纳自己的情绪,允许自己慢,允许自己不成功,只有这样,一个人才会活得更好!

世上只有一个你,所以要看见自己、活出自己

罗永浩曾经说过:"每一个生命来到世间,都注定改变世界。"这是你的宿命,因为无论你的人生是怎样的,这个世界都会因你的加入而变得不同,比如多了一个耿直的人,多了一个善良的人,抑

或多了一个邪恶的人。当然如果你稀里糊涂地离开，这个世界也会因此少一个你！

世上只有一个你，这不是一句鸡汤，而是一种世界观，我更认为它阐述了一个事实：你是独一无二的，你需要看见自己、活出自己。

世上只有一个你，所以你要看见自己

"没有被看见的一直等着被看见，没有被理解的一直等着被理解"，这句话我在前面说了很多遍，因为它确实是一些心理问题的原因。

心理学上有个词叫作"未完成事件"，说的是一个事件本该在一个特定的时间节点完成，但是由于各种原因，它没有被完成，因此一个人的心理能量就在那个地方停滞了。于是成年之后，这个人就会执着于完成那件事，他的人生可能就会围绕那件事产生很多故事。

比如一个人在婴儿期，在该被无条件及时满足的时候没有被母亲及时满足，长大后他就会出现退行，表现出小孩子般的心理和行为。他在建立人际关系时，就会希望别人无条件地理解自己、满足自己。此外，他还可能会有这些表现：接受不了等待，做事情时无法全身心投入，时刻渴望与外界的联结，并为此一个劲地"刷手机"。再比如，一个小时候没有得到父母肯定、经常被父母挑剔、苛责的孩子，长大后就可能会希望得到周围人，特别是比自己能力强、有权威的人的认可。

他们的人生都执着于被认可,一直在寻求认可,这甚至成了他们的人生主旋律。如果没有被重新看见,没有被重新理解,这一切是停不下来的。

这就像一个人总是做同一个梦,这个梦在你看见它的真相、理解它的真正含义之前是会反复出现的,因为它有着它的使命。人生如梦,绝大多数人的人生都是有迹可循的,会遵循一套或明或暗的逻辑,必定有着很多重复。

能不能被看见、能不能被理解会对我们的人生产生很大的影响。因此,这项工作我们要重视起来,认真对待。

世上只有一个你,所以你要活出自己

因为世上只有一个你,所以你要活出你自己,不能白白到这世上走一遭;如果你没有活出自己,我想你最后会带着遗憾离场。所以你要活出自己,而不是压抑自己,去做别人人生的配角。

要想活出自己,就要在看见自己、理解自己的基础上,把自己蜷缩的生命力释放出来,先把压抑的自我活出来,愤怒的时候就表达愤怒,该拒绝的时候就坚决地拒绝,该爱的时候就大胆地爱,该恨的时候就光明正大地恨。

世上只有一个你,请照顾好自己

如果你对于看见自己、活出自己这件事还是无从下手,那就先照顾好自己,我建议你做三件事。

第一,好好吃饭。无论什么时候都要好好吃饭,尽可能给自

第8章 活出真实的自己，才能拥有好的人际关系

己准备可口、赏心悦目的饭菜。去买新鲜的蔬菜和可爱、有趣的餐具，这是我的亲身经验：可爱、好看的餐具会让你的食欲变得更好。

第二，好好睡觉，不要熬夜。我们在前面讨论过，一些人的熬夜或者失眠是由心理问题引起的。比如熬夜是认为白天的时间不属于自己，所以夜深人静的时候，就想按照自己的想法"熬自由"。失眠在某种程度上是一种被动的熬夜，也是没有勇气结束这一天的表现。这也说明了，白天的时间要看见自己，看见真实的自己，理解自己。很多时候我们都把工作和生活对立了，我们给工作附加了太多沉重的东西。这就好比如果一个人认为"人生实苦"，那他必然会过得很苦；同样，如果你认为工作就是在遭受剥削，就是在失去自我，那你毫无疑问会怨恨你的工作，在潜意识的指引下，你会做得越来越糟糕，甚至身体健康也会受到影响。

第三，打扫卫生，给自己创造一个洁净的环境。除此之外，看着一件件物品被整理、被擦拭干净，也会让你产生一种控制感，而这种最简单的控制感是最具治愈性的。

总结一下，因为世上只有一个你，所以你要看见自己、活出自己。如果你无从下手，不妨就先从好好吃饭、好好睡觉、打扫卫生，给自己创造一个安静、舒适的空间做起吧！

北京阅想时代文化发展有限责任公司为中国人民大学出版社有限公司下属的商业新知事业部，致力于经管类优秀出版物（外版书为主）的策划及出版，主要涉及经济管理、金融、投资理财、心理学、成功励志、生活等出版领域，下设"阅想·商业""阅想·财富""阅想·新知""阅想·心理""阅想·生活"以及"阅想·人文"等多条产品线。致力于为国内商业人士提供涵盖先进、前沿的管理理念和思想的专业类图书和趋势类图书，同时也为满足商业人士的内心诉求，打造一系列提倡心理和生活健康的心理学图书和生活管理类图书。

《原生家庭：影响人一生的心理动力》

- 全面解析原生家庭的种种问题及其背后的成因，帮助读者学到更多"与自己和解"的智慧。
- 让我们自己和下一代能够拥有一个更加完美幸福的人生。
- 清华大学学生心理发展指导中心副主任刘丹、中国心理卫生协会家庭治疗学组组长陈向一、中国心理卫生协会精神分析专业委员会副主任委员曾奇峰、上海市精神卫生中心临床心理科主任医师陈珏联袂推荐。

《消失的父亲、焦虑的母亲和失控的孩子：家庭功能失调与家庭治疗（第2版）》

- 结构派家庭治疗开山鼻祖萨尔瓦多·米纽庆的真传弟子、家庭治疗领域权威专家的经典著作。
- 干预过多的母亲、置身事外的父亲、桀骜不驯的儿子、郁郁寡欢的女儿……如何能挖掘家庭矛盾的"深层动因"，打破家庭关系的死循环？不妨跟随作者加入萨拉萨尔一家的心理治疗之旅，领悟家庭亲密关系的真谛。